古代歷史文化研究輯刊

二一編

王明蓀 主編

第17冊

元大都城市形態與建築群基址規模研究（上）

姜東成 著

國家圖書館出版品預行編目資料

元大都城市形態與建築群基址規模研究（上）／姜東成 著——
初版 — 新北市：花木蘭文化事業有限公司，2019〔民 108〕
目 4+162 面；19×26 公分
（古代歷史文化研究輯刊 二一編；第 17 冊）
ISBN 978-986-485-735-7（精裝）
1. 都市計畫 2. 元代
618　　　　　　　　　　　　　　　　　108001504

古代歷史文化研究輯刊
二一編　第十七冊　　　　　　ISBN：978-986-485-735-7

元大都城市形態與建築群基址規模研究（上）

作　　者　姜東成
主　　編　王明蓀
總 編 輯　杜潔祥
副總編輯　楊嘉樂
編　　輯　許郁翎、王筑　美術編輯　陳逸婷
出　　版　花木蘭文化事業有限公司
發 行 人　高小娟
聯絡地址　235 新北市中和區中安街七二號十三樓
　　　　　電話：02-2923-1455／傳真：02-2923-1452
網　　址　http://www.huamulan.tw 信箱 hml 810518@gmail.com
印　　刷　普羅文化出版廣告事業
初　　版　2019 年 3 月
全書字數　217444 字
定　　價　二一編 49 冊（精裝）台幣 122,000 元

元大都城市形態與建築群基址規模研究（上）

姜東成　著

作者簡介

姜東成，畢業於北京清華大學，建築學博士，主要研究方向爲中國古代建築史、中西建築比較研究，師從王貴祥教授從事國家自然科學基金項目「合院建築尺度與古代宅田制度關係以及對元大都及明清北京城市街坊空間影響研究」。曾於北京清華大學美術學院從事博士後研究，研究方向爲虛擬現實下文化遺產再現研究。現爲中央美術學院研究員，北京玉城宣和建築設計有限公司創始合夥人，在理論研究同時進行大量設計實踐，致力於創造具有東方智慧與審美的和諧人居環境。

提　　要

本文擬通過對元大都建築群基址規模與平面布局的研究，分析元大都城市街坊空間肌理與城市形態特點，尋找建築群基址規模與等級間的關係，探索元大都城市規劃的原則與手法。

論文首先根據歷史文獻與考古材料，結合實地踏勘，由明清北京建築群用地範圍與街巷肌理推斷元大都城內各建築群的位置與基址規模。元大都建築群的基址規模與建築等級密切相關，這從衙署、寺觀、禮制建築等基址規模的比較中可以清楚地看到。通過研究發現，元大都建築群的基址規模與「八畝一分」的住宅用地之間存在某種聯繫。

在此基礎上，論文提出「元大都城市平格網」的概念，以「八畝」作爲基準平格面積，在元大都城市平面上繪出 44 步 × 50 步的平格網。可以發現，城市街道胡同的位置與某些大型建築群基址規模受這一平格網控制，將這一平格網細化所得 11 步 × 12.5 步的平格網，對大部分建築群的基址規模起到控制作用。

另一方面，論文依據文獻對元大都內建築群的平面布局以及有詳細尺寸記載的單體建築進行復原，分析建築形制的歷史沿革及對明、清的影響，發現建築模式中的創新，揭示蒙、藏、漢等多種文化因素與建築特點的影響。

此外，論文從動態的角度分析元大都城市形態的發展演變，將城市形態置於政治制度、思想文化、宗教禮俗與人的活動等背景之中加以分析，認爲元大都的規劃布局與建築規制形式上以漢制爲主，但實際卻深受蒙古族觀念習俗的影響，是「蒙古至上」思想的體現。

第 1 章 緒 論

1.1 選題背景及意義

　　本書爲國家自然科學基金項目「合院建築尺度與古代宅田制度關係以及對元大都及明清北京城市街坊空間影響研究」的子課題，項目批准號爲50378046。

　　都城是王朝的政治中心，歷代統治者無不重視都城的建設，都城的選址、規劃布局、建築模式都是統治者思想的體現。都城具有一般地方性城市不具有的特點，對社會的政治、經濟、文化發展有著重要影響。中國古代的都城分爲三類：一是沿用原有的都城，對其進行部分改造，如北魏的洛陽、唐長安、明清北京等，二是將原地方城市改造爲都城，如北宋的開封、南宋的杭州等，第三類是王朝初創之時另闢新址所建都城，如漢長安、隋大興以及元大都等。

　　元大都位於今天的北京，是隨著蒙元統治重心南移而在金中都舊城東北選址新建的都城。由於不受原有城市布局的限制，元大都的城市規劃得以按既定的理念進行。元大都城外郭周長 28600 米，南北略長，呈長方形。城牆北面兩座城門，其餘三面各有三座城門，每個城門以內都有一條筆直的大道。皇城位於大都城內南部居中的位置，在大都城內佔有重要位置，周回二十里，宮城位於皇城內偏東的位置，蕭洵的《故宮遺錄》與陶宗儀《南村輟耕錄》都對大都宮城有詳細記載。馬可波羅在遊記中對大都城有這樣的描述：「全城中劃地爲方形，劃線整齊，建築房舍。每方足以建築大屋，連同庭院園囿而

有餘……方地周圍皆是美麗道路，行人由斯往來。全城地面規劃有如棋盤，其美善之極，未可宣言。」大都城的城市形態整齊劃一，建築繁榮，街巷井然。大都城以城垣、坊市、民居、宮苑、壇廟爲主體，坊巷之內分佈衙署、倉場，城市乾道縱橫交錯，宮城以北中軸線上建中心臺，中心臺之西沿積水潭東北岸開闢全城唯一的斜街，爲城市棋盤道路網增添一些變化。街道寬度大街二十四步，小街十二步，共劃分爲五十坊。（圖1.1）

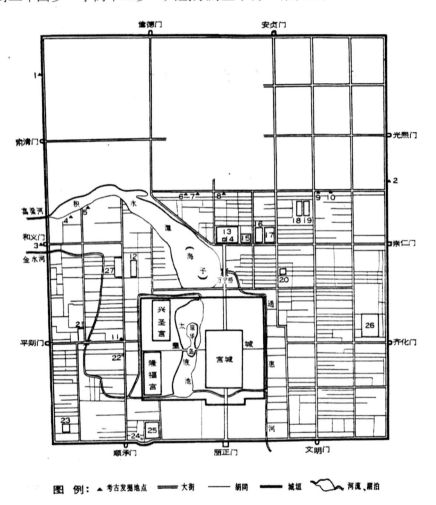

圖 1.1 元大都平面圖

城市形態包括城市布局形式與建築群內部組合模式等方面，是社會政治、經濟、思想、文化等諸方面因素的物化體現，也是城市功能與制度在空

間上的具體表徵。元代上承宋、遼、金，下啓明、清，元大都城市形態的研究，對於理解中國古代都城制度的淵源流變，揭示元代社會制度的特點，無疑具有極為重大的意義。

有元一代，蒙古族草原文化與漢民族農耕文化不斷碰撞吸收融合，出現許多與前代不同的特點。元初幾位皇帝主動吸收漢族文化，任用漢族官僚，士人階層也試圖通過推行漢法達到以儒化胡的目的，但勢力強大的蒙古族貴族的反對使得終元一代漢法都不能得到完全的實行，元代社會制度中蒙古舊制與漢制長期並存，分庭抗禮。即便是「思大有為於天下」的世祖皇帝忽必烈，晚年也變得對漢臣頗有猜忌排斥，蒙古舊制在政治制度中重新取得絕對優勢地位。蒙、漢二元並存的特點不僅體現在元代的政治制度中，也體現在元代社會生活的方方面面，元大都的城市形態與空間布局同樣表現出漢法與蒙古舊制雜糅的特點。一方面，由草原入主中原的蒙古統治者為標榜政權的合法性，有意附會漢法，參照以往都城，特別是宋遼金的都城，規劃營建自己的都城。元大都的都城城市形態接近《周禮·考工記》對理想城市形態的描述，基本符合「匠人營國」中前朝、後市、左祖、右社的規定。另一方面，最高統治階層仍保留大量的草原生活習慣，都城規劃設計中出現許多與前代都城不同的特點，需要結合蒙古習俗與元代制度等方面對元大都城市形態進行分析。

元初將臣民劃分為四等人，終元一代始終存在著強烈的階級壓迫，漢族儒士集團與蒙古、色目貴族間長期存在著矛盾與衝突，這兩大集團的勢力消長變化，同樣會反映在元大都的城市空間與結構中。對元大都城市形態的研究需要歷時性與共時性相結合，既要關注同一時期中城市各部分的結構，也要將城市的各個組成部分放在較長的時間段中，結合政治制度與各集團勢力消長等方面加以分析比較。這樣，對城市的研究就不僅僅停留在形式的層面，而是將城市形態與社會、思想、文化等背景相結合，找出城市形態發展嬗變的內在原因，從而拓展城市史研究的維度，使其成為文化研究的一部分。

歷史文獻中有大量關於建築群基址規模的記載，建築群的基址規模很可能是其等級的體現，具有一定的規制意義。本文擬通過對元大都建築群基址規模的分析，尋找元大都建築群基址規模的等級規律，從而為對中國古代建築群的認識提供新的視角。

1.2　已有研究成果與相關文獻材料

在國內外幾代學者的共同努力下，對元大都的研究業已取得重大進展，研究範圍涉及都城本身的設置沿革、建築格局以及政治經濟文化社會生活等方方面面，爲本書的進一步研究打下基礎，以下簡要介紹元大都各方面已有的研究成果。

對大都的考古調查主要是二十世紀六七十年代配合北京城市建設展開的。中國科學院考古研究所與北京市文物管理處先後勘查了大都的城郭、街道與河湖水系等遺跡，發掘了十餘處不同類型的建築基址，基本探清大都皇城和宮城的範圍，發現元大都城內一些居住建築遺址，發表一系列研究論文，如 1972 年發表的《元大都的勘察與發掘》、《北京後英房元代居住遺址》等。〔註1〕

元大都的研究起步早於考古勘查，國內早有前輩學者對元大都進行過研究。二十世紀三十年代，國內即有朱紫江、闞澤的《元大都宮苑圖考》、王璧文《元大都城坊考》、朱契《元大都宮殿圖考》等論文。〔註2〕這些論文多集中在元大都宮城、皇城位置與形制的探討，對元大都的城市規劃與街道布局等根本問題未有關注。

最早對元大都城市規劃進行研究的學者，是清華大學建築系已故教授趙正之先生。他在《元大都平面規劃復原研究》一文中認爲北京東、西長安街以北的街道基本上是元大都的遺存，這一成果是北京城市規劃史的重大突破。〔註3〕徐蘋芳先生通過考古勘查，發表《元大都的勘察與發掘》等文，證實了趙正之先生的觀點，是北京城市研究史乃至中國古代都城研究史上具有劃時代意義的重要成果。

隨著考古勘查的開展，對元大都的研究走向深入，出現幾部研究大都的著作與數十篇研究論文，討論了元大都城市布局、建築、政治、經濟、文化、管理制度、防禦體系等方面的問題。徐蘋芳根據北京街道肌理推測元大都建築群的位置，爲本文提供方法論的借鑒。〔註4〕傅熹年《中國古代城市規劃、

〔註1〕　《考古》，1972 年第 1 期，第 6 期。
〔註2〕　《中國營造學社彙刊》，1—2，6—3，6—4。
〔註3〕　趙正之《元大都平面規劃復原研究》，《科技史文集》第 2 集，1979 年。
〔註4〕　參見徐蘋芳《元大都中書省址考》，《中國文化研究所學報》，新六期，385～394 頁，1997 年。徐蘋芳《元大都樞密院址考》，《元大都御史臺址考》，載徐蘋芳《中國歷史考古學論叢》，192～197 頁，198～204 頁，臺北：允晨文化實業股份有限公司，1995 年。徐蘋芳《元大都也里可溫十字寺考》，《中國考

建築群布局及建築設計方法研究》，對元大都規劃與建築群布局進行了探討，證明模數原則仍是大都城控制城市規劃設計的指導原則，發現了大都城規劃原則與前代都城相近之處。〔註 5〕傅氏《元大都大內宮殿的復原研究》，是建築學界研究大都城的又一力作，對元大都大明殿與延春閣建築群的布局進行探討，詳細列出各城門的尺寸及復原推算結果，並繪出幾個建築單體的復原圖。〔註 6〕鄧奕、毛其智《從《〈乾隆京城全圖〉看北京城街區構成與尺度分析》，對元大都街區構成的基本模式進行了分析。〔註 7〕

　　八十年代初中國社會科學院歷史研究所陳高華撰寫《元大都》一書，對大都的論述較為全面〔註 8〕。九十年代北京社會科學院主持編纂的多卷本《北京通史》，其中第七卷專述大都的歷史〔註 9〕。此外，首都博物館在「大都歷史陳列」的基礎上，還編輯出版《元大都》圖集。〔註 10〕

　　此外，于希賢《〈周易〉象數與元大都規劃布局》、《〈周禮·考工記〉與元大都規劃》重點討論了大都城選址布局受到中國傳統哲學思想的影響，〔註 11〕王璞子《元代大都城平面規劃述略》、〔註 12〕王燦熾《談元大都的城牆和城門》與《元大都鐘鼓樓考》、〔註 13〕朱鈴鈴《元大都的坊》等，〔註 14〕都從不同方面對大都城規劃與建築進行過探討。

　　城市水系是城市的命脈，元大都的選址與河渠漕運密切相關。蘇天鈞《郭守敬與大都水利工程》一文介紹了郭守敬在大都水利工程方面的活動與貢獻。〔註 15〕元代對各種宗教採取寬容的態度，大都城內佛寺、道觀、基督教

　　　　古學研究——夏鼐先生考古五十週年紀念文集》（一），文物出版社，1986 年。
　　　　徐蘋芳《元大都路總管府址考》，《饒宗頤學術討論會論文集》，香港：翰墨軒出版有限公司，1997 年。
〔註 5〕　《中國古代城市規劃、建築群布局及建築設計方法研究》，中國建築工業出版社，2001 年 9 月。
〔註 6〕　《考古學報》，1993 年第 1 期。
〔註 7〕　《城市規劃》，2003 年第 10 期。
〔註 8〕　《元大都》，北京出版社，1982 年。
〔註 9〕　《北京通史》第七卷，中國書店，1994 年。
〔註 10〕《元大都》，北京燕山出版社，1989 年。
〔註 11〕《故宮博物院院刊》1999 年第 2 期，《文博》2002 年第 3 期。
〔註 12〕《故宮博物院院刊》1963 年第 3 期。
〔註 13〕《故宮博物院院刊》1984 年第 4 期，1985 年第 4 期，後收入《王燦熾史志論文集》，燕山出版社，1991 年。
〔註 14〕《殷都學刊》1985 年第 3 期。
〔註 15〕《自然科學史研究》，1983 年第 1 期。

堂爲數眾多，對宗教建築與文化的研究相對較多。陳高華《元代大都的皇家佛寺》探討了元朝歷代皇帝在大都地區建立的佛教寺院。〔註16〕徐蘋芳《元大都也里可溫十字寺考》與《北京房山也里可溫石刻》綜合文獻記載與現存遺跡，介紹了元大都的基督教寺院與相關的石刻情況。〔註17〕

　　元代的戶籍制度較爲複雜，政府將全國居民根據職業民族的不同劃分爲若干戶計，分別承擔某項固定的義務。大都百餘年的歷史中，城市戶口變化很大，較爲準確推測大都城市人口戶籍情況，是對大都住宅規模與人口關係進行量化研究的基礎。周繼中《元大都人口考》是較早的研究大都人口的論文，〔註18〕崔永福《漫談歷史上的北京人口》也對大都人口進行了探討。〔註19〕葛劍雄主編、吳松弟撰寫的《中國人口史》（第三卷）依據史料對大都不同時期的戶口加以探討，提出一些新的見解。〔註20〕韓光輝《北京歷史人口地理》利用大都城市設置的弓手數目推定大都城市的不同年代的戶口規模，較以前僅依靠官方戶口統計記錄更爲可靠。〔註21〕

　　國外學者對元大都的研究也非常重視，日本學者岩村忍《元の大都》、愛宕松男《元の大都》，〔註22〕是研究大都的綜論性文章。村田治郎《元大都の都市計劃に關する一考察》，對大都城市布局、宮闕位置進行了考察分析。〔註23〕渡邊健哉《元朝の大都留守司について》對大都留守司這一城市建設中政府管理機構的職能進行研究。〔註24〕中村淳《元代大都の敕建寺院をめぐって》對大都的藏傳佛教寺廟群加以介紹。〔註25〕他的另一篇文章《元代法旨に見える歷代帝師の居所～大都の花園大寺と大護國仁王寺》對帝師法旨中頻頻出現的花園大寺，即大護國仁王寺進行了討論。〔註26〕西方學者Ｎ・Ｓ・斯坦哈特1981年哈佛大學的博士論文，即以《蒙古影響下的都城建築：忽必

〔註16〕《世界宗教研究》，1992年第2期。
〔註17〕《中國考古學研究——夏鼐先生考古五十週年紀念文集》（一），文物出版社，1986年；《中國文化》，1993年第7期。
〔註18〕《北京史論文集》，1980年。
〔註19〕《北京史苑》第2輯，北京出版社，1985年。
〔註20〕復旦大學出版社，2000年。
〔註21〕北京大學出版社，1996年2月。
〔註22〕《蒙古》115，《歷史研究》14－12。
〔註23〕《滿洲學報》三號，1934年。
〔註24〕《文化》66－1、2，2002年。
〔註25〕《東洋史研究》，58－1。
〔註26〕《待兼山論叢》27，1993年。

烈的帝都大都》爲名，並在此後發表過《忽必烈的都城規劃》一文。〔註27〕

　　與元大都城市形態相關的史料，散見於各類正史、典章、奏疏、志書、筆記、碑銘、散曲、文集以及外國人的行記中，其中尤以大都的史料最爲豐富。正史政書典章類材料主要有《元史》、《新元史》、《元典章》、《通制條格》等幾種，是瞭解元代社會、政治生活、法律制度不可或缺的材料。奏疏、志書、筆記、文集、碑銘、散曲多出自名士文人之手，他們或直接參與政事，或耳聞目睹時事而留下記錄，這部分材料包含大量有價值的信息。浙江古籍出版社輯校的「元代史料叢刊」，包括《元代奏議集錄》、《史學指南》、《秘書監志》、《廟學典禮（外二種）》、《憲臺通紀（外三種）》，搜集整理了元代一些分散而又重要的史料，爲瞭解元代政治生活、制度因革、文化教育等方面提供很多便利。

　　北京元代的地方志書大多散佚，爲大都研究造成很大不便。元末熊夢祥編撰的《析津志》，對大都的城垣街市、朝堂公宇、河閘橋樑、名勝古蹟、人物名宦、山川風物、物產礦藏、歲時風尚、百官學校等都有翔實的記載，是研究大都歷史的重要資料。原書早已失傳，北京圖書館善本組在總結前人研究的基礎上，將散見佚文匯爲《析津志輯佚》出版。〔註28〕北京古籍出版社輯校的「北京古籍叢書」，收錄了元明清三代北京方志二十一種，對北京的城市歷史、地理沿革、文物古蹟、民俗風情、管理機構都有詳細記載，儘管多爲明末以後的方志，從中仍可發現城市地理沿革方面的內容，爲研究元代北京城提供重要線索。元末陶宗儀《南村輟耕錄》記載了許多元代社會的掌故、典章、文物，對於瞭解元代社會生活很有價值，第二十一卷「宮闕制度」詳細描述了大都的宮殿布局，對主要建築的開間面闊進深高度等數據均有記錄。〔註29〕明初蕭洵的《故宮遺錄》，是他奉命拆毀元代宮殿時所做的私人記錄，對元故宮門闕樓臺殿宇苑囿等均作了詳細記載。〔註30〕

　　文人的詩詞曲賦不僅具有文學價值，而且也具有相當的歷史價值，可補正史材料的不足，對文人吟詠大都的詩詞整理，也取得很大成績。《元宮詞百章箋注》彙集了傅樂淑所注朱有燉宮詞，〔註31〕陳高華所編《遼金元宮詞》

〔註27〕《亞洲文獻》44 期，1983 年。
〔註28〕《析津志輯佚》，北京古籍出版社，1983 年。
〔註29〕《南村輟耕錄》，中華書局，1959 年 2 月。
〔註30〕《故宮遺錄》，北京出版社，1963 年。
〔註31〕《元宮詞百章箋注》，書目文獻出版社，1995 年。

收錄更多元代宮詞，〔註32〕陳高華校訂的《人海詩區》也保存大都歷史方面的大量詩歌。〔註33〕中華書局點校本汪元量的《增訂湖山類稿》中也有關於大都的詩詞。〔註34〕中華書局版《元曲選》收錄了九十四種元人的作品與六部明初作品，雖然雜劇多爲歷史題材，實際是以古喻今影射當時社會生活，從中可以瞭解到元代社會的某些方面。〔註35〕散曲是金元時興起的一種歌曲，元代成爲雅俗共賞具有極強生命力的一種詩體，中華書局版《全元散曲》對現存的元人散曲加以搜集整理，其中有些描寫都城的詩詞。〔註36〕另外，《全元文》以及元代金石材料中都有關於大都城市的記錄。

元大都是當時國際化大都市，與各國的聯繫交往頻繁，不少外國使臣、商人、教士、遊客曾到過大都，對大都城市面貌作了記錄。意大利旅行家馬可·波羅與鄂多立克先後來華，在遊記中對大都作了生動細緻的描繪，是研究大都的寶貴史料。另如《魯布魯克東行記》等行紀中也有關於大都城市的描述。

1.3 論文的內容、難點與方法

1.3.1 研究內容

元大都城的研究長期以來一直是學界關注的對象，業已取得相當豐碩的成果，然而，現有的研究多是從歷史學、考古學、社會學角度入手，對元大都城市布局與建築的研究大多停留在定性描述的層面，未曾深入到城市規劃的原則、手法及城市形態等根本問題。現有研究的關注點多集中在宮城建築群的布局結構，對於禮制建築、普通民宅、寺觀、廟學、衙署、倉庫、園林等罕有涉及。這主要是受材料有限的制約，記載元大都建築的文獻相當分散，其對建築組群布局亦多略而不談。但是，從現有的方志材料中可以大致找出它們的位置，根據明清北京方志中的記載，推斷元代建築群的基址範圍，並進一步根據文獻材料推測院落組合關係與建築布局，是完全可能的。而且，

〔註32〕《遼金元宮詞》，北京古籍出版社，1988年。
〔註33〕《人海詩區》，北京古籍出版社，1994年。
〔註34〕汪元量撰，孔凡禮輯校《增訂湖山類稿》，中華書局，1984年6月。
〔註35〕《元曲選（全四冊）》，中華書局，1958年。
〔註36〕《全元散曲》，中華書局，1964年2月。

現有的元大都城市及建築群布局的研究往往只是考察某一個時間點的面貌，並未對元朝建國百餘年間建築規模、功用、形制的變遷做出研究，對其中原因的分析更是付之闕如。本文則從動態的角度，對元大都城市形態的發展嬗變進行分析。此外，元大都現有研究中仍有許多眾說紛紜莫衷一是的問題，如元大都的中軸線及鐘鼓樓的位置等，本文亦嘗試做出解釋。

　　本文作爲王貴祥教授「中國宅田制度與合院式建築研究」自然科學基金項目子課題之一，擬通過對元代都城內部建築組群的面積尺度與空間布局的整理、復原、分析，推測元代都城城市街坊的空間肌理，揭示影響城市布局的內在原因，尋找元代都城城市空間構成的基本規律。研究的主要內容包括：

　　（1）從城市發生學角度入手，充分利用考古材料與歷史文獻，結合實地踏勘，對元大都城市規劃布局進行復原研究，確定建築群基址範圍與規模，找出不同等級的建築群在基址規模上的差異，探究城市街坊的空間肌理，尋找城市空間的內在規律，揭示元大都城市形態對明清北京城的影響；

　　（2）提出「元大都城市平格網」的概念，分析建築群基址規模與平格網的關係；

　　（3）利用考古材料與相關文獻，對元大都城內建築群進行復原研究，推敲平面關係、院落組合形式與空間布局，分析其建築模式的特點與形制意義，揭示蒙、藏、漢三種因素的影響；

　　（4）從動態的角度研究城市，找出不同時間斷面上元大都城市形態及建築群平面布局的差異，結合政治、經濟、社會背景，對其發展嬗變的內在原因進行分析。

1.3.2　研究難點

　　對大都城城市形態與建築群基址規模的研究，仍然存在許多難度。一方面是材料有限，記錄元大都建築群用地範圍的材料很少，且文獻材料中對於建築尺度的記載多付諸闕如。元大都三分之二的城市面積爲後來的明清北京城覆蓋，考古發掘無法探測大都城內各建築群的確切位置，爲研究增添不少難度。另一方面，是關於元代政治制度、社會生活、法律的文獻材料中，有不少使用硬譯文體，語法乖戾獨特，字詞不甚規範，與蒙古汗國時期城市有關的文獻又多爲波斯文、阿拉伯文記載，閱讀一手材料相當困難。

1.3.3 研究方法

元大都是另闢新址建造的都城，規劃布局不受原有城市的制約，得以按照既定的理念進行，因而可以根據明清北京城的城市布局與今日北京街巷肌理，〔註37〕參照歷史文獻與考古材料，還原元大都最初規劃時的理想城市模式。

明北京是在元大都的基礎上改造而成，元代的建築或拆毀，或沿用，或改作它用，建築群的名稱布局職能發生較大變化，但元大都的城市肌理、空間格局、街坊布局不可能發生根本變化，經明清兩代一直延續到今天的北京城。元大都的住宅基址明清兩代大多仍沿用作為住宅用地，元大都較大規模的職能建築，如太廟、社稷壇、王府、衙署、廟學等，往往繼續作為明清時期城市公共建築用地。根據《乾隆京城全圖》所反映的清乾隆時期北京城的城市形態與街巷分佈特點，可以反推元大都建築群分佈情況與基址規模。

本文主要通過文獻材料、考古發掘與實地踏勘相結合的方法，對照明清北京城圖街道布局中留存的元代痕跡，確定其用地範圍與基址規模，探尋不同等級的建築群在基址規模上的差異。在此基礎上，進一步對元大都的主要建築群平面進行復原，對其建築模式與特點進行分析。

元大都城市形態與建築群基址規模的研究，對於瞭解元大都城市規劃思想以及元大都在中國古代都城規劃史的地位都具有重要意義，同時，揭示元大都對明清北京城的影響，對於今日北京的規劃建設也具有重大的現實意義。對這一問題的研究，可以繼續深入之處尚多。囿於時間和學力，本文難免掛一漏萬，很多內容只能留待日後逐漸完善。本文作為筆者的階段性研究成果，希望得到諸位專家與同好的指教。

〔註37〕此外，徐蘋芳繪製的一萬二千分之一的明清北京城復原圖，繪出明清時期北京城主要建築、街巷、坊界，列出建築與街巷名稱不同年代的變化情況，是迄今為止明清北京城圖中最為詳細準確的，為本文提供很好的參照。

第2章　元大都的城市規劃

　　蒙古族在草原崛起之初，曾以位於漠北草原中央的哈剌和林作爲都城，忽必烈即位初期又在漠南的開平府興建新的都城。滅金後，蒙古政權佔領了廣闊的中原地區，出於統治需要，決定將政治中心南移，遷都燕京。

　　中統五年（即至元元年，1264），忽必烈從劉秉忠議，計劃在金中都舊址上營建城池宮室，名爲中都。〔註1〕但由於金中都舊城屢經戰火，破敗不堪，原有的宮殿已蕩然無存，〔註2〕且舊城規模狹促，與蒙古國強盛的國勢並不相稱，同時城西蓮花池水系水流涓微，「土泉疏惡」，〔註3〕作爲城市水源已難以爲繼，因而忽必烈於至元四年（1267）又決定放棄金中都舊城，而在其東北另建新的中都城，至元八年（1271）改名爲大都城。〔註4〕新建的大都城將太液池與積水潭納入城市之中，並從西郊玉泉山引水注入湖中，充分保證了城市用水需要。〔註5〕

〔註1〕　《元史》：「（至元元年八月）乙卯，詔改燕京爲中都」，卷五，本紀第五，世祖二，99頁。

〔註2〕　《元史》：「時宮闕未建，朝儀未立，凡遇稱賀，臣庶雜至帳殿前，執法者患其喧擾，不能禁」，卷160，列傳第47，王盤傳，3753頁。由此可以看出，忽必烈定都燕京時，金中都宮殿皆已不存。

〔註3〕　陸文圭《中奉大夫廣東道宣慰使都元帥墓誌銘》，《牆東類稿》，卷12，四庫本，1194冊，681頁。

〔註4〕　《元史》：「（至元八年）以中都爲大都」，卷157，列傳第44，劉秉忠傳，3694頁。另《元史·地理志》有「（至元）九年，改大都」，卷58，志第10，地理一，1347頁。大都之名起自何時，尚待進一步考證。

〔註5〕　參見侯仁之《北京歷代城市建設中的河湖水系》，《侯仁之文集》，103～105頁，北京大學出版社，1998年4月。

　　元大都的規劃設計既借鑒前代都城設計的經驗，又結合蒙古族生活習俗與具體地理環境條件進行創新，呈現出不同於歷代都城的鮮明特色與獨特魅力，並深刻地影響到明、清北京城的建設，在中國古代城市規劃史上佔有重要地位。

2.1　元大都的規劃布局

2.1.1　元大都的設計者

　　大都城的城市規劃，主要是在劉秉忠「經畫指授」下進行的。〔註6〕劉秉忠字仲晦，河北邢臺人，因從釋氏又名子聰。後經臨濟宗領袖海雲的推薦，成為忽必烈的幕僚，至元元年（1264）官至太保。《元史》載劉秉忠「於書無所不讀，尤邃於易及邵氏經世書，至於天文、地理、律曆、三式六壬遁甲之屬，無不精通」，〔註7〕元朝國號、大都城名坊名皆出其手。參與大都城選址規劃的還有劉秉忠的弟子趙秉溫，至元初奉命「與太保劉公同相宅」，「圖上山川形勢、城郭經緯與夫祖社朝市之位，經營制作之方。帝命有司稽圖赴功」。〔註8〕具體負責領導修建工程的有漢族將領張柔、張弘略父子，行工部尚書段楨（段天祐），蒙古人野速不花，女真人高觽、色目人也黑迭兒等。〔註9〕

　　大都城規劃建設的主要設計者都是漢人，因而元大都的城市布局較多地體現出中原王朝都城規劃的傳統，如前朝後市、左祖右社等。同時，忽必烈作為蒙古貴族的代表人物，在議建新都時，必然會糅合進蒙古族生活習俗與草原特色。

2.1.2　元大都建設程序

　　大都城的興建是從皇城、宮城與宮殿開始的。《元史·世祖紀》載：「（至元三年十二月）丁亥，詔安肅公張柔、行工部尚書段天祐等同行工部事，修

〔註6〕　《中奉大夫廣東道宣慰使都元帥墓誌銘》，《牆東類稿》，卷12，四庫本，1194冊，681頁。

〔註7〕　《元史》，卷157，列傳第44，劉秉忠傳，3688頁。

〔註8〕　蘇天爵《故昭文館大學士中奉大夫知太史院侍儀事趙文昭公行狀》，《滋溪文稿》，卷22，四庫本，1214冊，261頁。

〔註9〕　參見陳高華《元大都》，36頁，北京出版社，1982年。

築宮城」，〔註10〕可知大都宮城的修建始於至元三年（1266）。《元史・張柔傳》中記「至元三年，城大都，佐其父爲築宮城總管」，〔註11〕此時大都城尚未動工，〔註12〕至元三年（1266）應是開始修建大都宮城的時間。至元四年（1267）正月，成立提點宮城所，〔註13〕專門負責大都宮城、皇城與宮室的營建。

大都宮城竣工的時間，史籍記載不一。《元史・世祖紀》：「（至元五年十月）戊戌，宮城成」，〔註14〕陶宗儀《南村輟耕錄》則云宮城「至元八年八月十七日申時動工，明年三月十五日即工」。〔註15〕《元史》中另有多處修建宮城時間的記載，如「（至元七年二月）丁丑，以歲饑罷修築宮城役夫」，〔註16〕「（至元八年二月）丁酉，發中都、眞定、順天、河間、平灤民二萬八千餘人築宮城」，〔註17〕「（至元九年五月乙酉）宮城初建東西華、左右掖門」〔註18〕。由此可見，至元五年（1268）之後大都宮城仍在陸續修建，《元史・世祖紀》中所言至元五年（1268）「宮城成」可能指宮城的城垣規模基本確定。《輟耕錄》所載宮城至元八年（1271）動工、至元九年（1272）即工，與《元史》所載史實基本吻合，可以推斷自至元三年（1266）宮城動工起，建設工程曾一度中止，直至至元八年（1271）方集中人力修築宮城城垣，至元九年（1272）宮城城垣即工，宮城完工的時間則應以宮城內大內宮殿竣工的時間計。

《元史》中另有大內宮殿修建的時間，如「（至元十年十月）初建正殿、寢殿、香閣、周廡兩翼室」，〔註19〕這裡所指爲大內前宮部分。「至元十一年正月己卯朔，宮闕告成，帝始御正殿，受皇太子諸王百官朝賀」，〔註20〕同年十一月「起閣南直大殿及東西殿」，〔註21〕由此可知，至元十一年（1274）以大明殿爲主體的大內前宮部分業已建成，並開始修建大明殿以北的崇閣，即延春閣，元大都宮城全部完工的時間應在至元十一年（1274）後。《元史・張

〔註10〕　《元史》，卷6，本紀第6，世祖三，113頁。
〔註11〕　《元史》，卷147，列傳第34，張弘略傳，3477頁。
〔註12〕　大都城始建於至元四年（1267），詳見下文。
〔註13〕　《元史》，卷6，本紀第6，世祖三，113頁。
〔註14〕　《元史》，卷6，本紀第6，世祖三，120頁。
〔註15〕　陶宗儀《南村輟耕錄》，卷21，宮闕制度，250頁。
〔註16〕　《元史》，卷7，本紀第7，世祖四，128頁。
〔註17〕　《元史》，卷7，本紀第7，世祖四，133頁。
〔註18〕　《元史》，卷7，本紀第7，世祖四，141頁。
〔註19〕　《元史》，卷8，本紀第8，世祖五，152頁。
〔註20〕　《元史》，卷8，本紀第8，世祖五，153頁。
〔註21〕　《元史》，卷8，本紀第8，世祖五，158頁。

弘略傳》載:「至元三年，城大都，佐其父爲築宮城總管……十三年，城成」，〔註22〕這裡的「城成」當指宮城建成，據此可以確定元大都宮城完工的時間爲至元十三年（1276）。

在完成宮城內宮殿建築的同時，至元十一年（1274）四月癸丑「初建東宮」，〔註23〕即在太液池西爲太子建隆福宮。至大元年（1308）又在隆福宮北、大內西北爲太后建興聖宮建築群。太液池東岸的大內宮殿與西岸的隆福宮、興聖宮鼎足而立，四周繞以蕭牆，元大都皇城方告完工。

大都城的始建時間遲於宮城。虞集《大都城隍廟碑》載:「至元四年，歲在丁卯，以正月丁未之吉，始城大都」，〔註24〕至元四年（1267）正月丁未爲黃道吉日，大都城的修築安排在這一天動工。另如《元史‧世祖紀》載「（至元四年正月戊午）城大都」，〔註25〕《元史‧地理志》亦載「（至元）四年，始於中都之東北置今城而遷都焉」，〔註26〕大都城始建於至元四年（1267）正月確定無疑。

至元十九年（1282）元廷在大都城內「置留守司」，〔註27〕負責守衛宮闕與都城。

至元二十年（1283）又「徙舊城市肆局院，稅務皆入大都」，〔註28〕並於大都城城門設門尉負責治安。〔註29〕至元二十一年（1284）「置大都路總管府」，〔註30〕作爲管理日常事務的行政機構。至元二十二年（1285）二月忽必烈下詔將舊城居民遷入大都城內，規定「以貲高及居職者爲先，仍定制以地八畝爲一分；其或地過八畝及力不能作室者，皆不得冒據，聽民作室」，〔註31〕標誌著大都城全部建成。

〔註22〕《元史》，卷147，列傳第34，張弘略傳，3477頁。
〔註23〕《元史》，卷8，本紀第8，世祖五，154頁。
〔註24〕虞集《大都城隍廟碑》，《道園學古錄》，卷23，四庫本，1207冊，335頁。
〔註25〕《元史》，卷6，本紀第6，世祖三，114頁。
〔註26〕《元史》，卷58，志第10，地理志一，1347頁。
〔註27〕《元史》，卷58，志第10，地理志一，1347頁。
〔註28〕《元史》，卷12，本紀第12，世祖九，257頁。
〔註29〕《元史》，卷12，本紀第12，世祖九，258頁。
〔註30〕《元史》，卷58，志第10，地理志一，1347頁。
〔註31〕《元史》，卷13，本紀第13，世祖十，274頁。

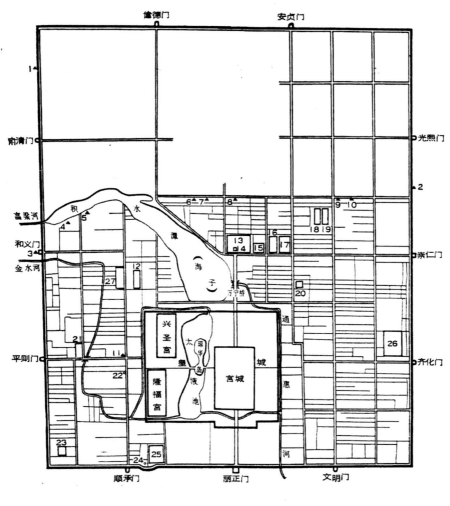

圖 2.1　元大都城市平面

（引自《元大都的勘查和發掘》，《考古》1972 年第 1 期）

1.學院路水涵洞遺址；2.轉角樓水涵洞遺址；3.和義門甕城城門；4.樺皮廠居住遺址；5.後英房居住遺址；6.106 中學居住遺址；7.舊鼓樓大街豁口西居住遺址；8.舊鼓樓大街豁口東窖藏；9.雍和宮後居住遺址；10.雍和宮豁口東居住遺址；11.西四石排水渠；12.崇國寺；13.大天壽萬寧寺；14.中心閣；15.倒鈔庫；16.巡警二院；17.大都路總管府；18.國子監；19.孔廟；20.太和宮；21.大聖壽萬安寺；22.萬松老人塔；23.城隍廟；24.海雲、可庵雙塔；25.大慶壽寺；26.太廟；27.大承華普慶寺

2.1.3 元大都規劃特色

元大都平面呈南北略長的長方形，《元史》記載大都「城方六十里，十一門」，〔註32〕根據考古勘查，已探明元大都城垣四至：北面的城牆即今北京北三環外的土城遺址處，東西兩面城牆與明清北京城東西牆一致，南面城牆在今東西長安街南側。元大都城市平面呈南北略長的長方形，南北長約 7600 米，東西寬約 6700 米。實測大都城周長 28600 米，面積約 50 平方公里。〔註33〕城內築宮城、皇城、都城三道城垣，皇城坐落在城南部中央，被置於特別顯要的地位。

元大都規劃最具特色之處是以太液池水面爲中心確定城市布局，在水面的東西兩岸布置大內正朝、隆福宮、興聖宮三組宮殿，環繞三宮修建皇城。將湖光山色納入城市核心區域，使宮殿建築與自然景色巧妙地融爲一體，這與以往歷代都城明顯不同，是城市規劃設計思想的重大突破。

在宮城南北軸線之北、積水潭的東北岸選定全城平面布局的中心，設石刻的測量標誌，名爲「中心之臺」，並以此中心臺爲基準點，確定全城的中軸線與四周城牆位置。在城市中心建鐘樓與鼓樓，作爲全城的報時機構，大都城實行夜禁，「夜間若鳴鐘三下，則禁人行」。〔註34〕（圖 2.1）

2.1.4 元大都的城牆與城門

元大都城牆全部用夯土築成，城牆的基寬、高與頂寬的比例約爲 3：2：1。〔註35〕經實測，牆基寬度 24 米，可知城牆頂寬約爲 8 米。意大利旅行家馬可·波羅在他的行紀中描寫大都的城牆「牆根厚十步，然愈高愈削，牆頭僅厚三步，遍築女牆，女牆色白，牆高十步」，〔註36〕與實測結果非常接近。城牆上築白色女牆，與蒙古族尚白的習俗有關。城牆頂部沿中心線鋪設半圓形瓦管，係排泄雨水的設施，城牆外覆以葦草，避免雨水沖毀城牆。

元大都共十一座城門，東、南、西三面各三門，北面二門。東面三門，自南至北分別爲齊化門（今朝陽門）、崇仁門（今東直門）、光熙門（明毀）。

〔註32〕《元史》，卷 58，志第 10，地理志一，1347 頁。
〔註33〕參見《元大都的勘查和發掘》，《文物》，1972 年第 1 期。
〔註34〕《馬可波羅行紀》，第 2 卷，第 84 章，大汗太子之宮，335 頁。
〔註35〕《元大都的勘查和發掘》。
〔註36〕《馬可波羅行紀》，第 2 卷，第 84 章，大汗太子之宮，334 頁。

西面三門自南至北分別爲平則門（今阜城門）、和義門（今西直門）、肅清門（明毀）。南面三門自東至西分別爲文明門（今崇文門北）、麗正門（今天安門南）、順承門（今宣武門北）。北面二門分別爲安貞門（今安定門北）與健德門（今德勝門北）。

大都城四隅建有巨大的角樓，城牆外側建有箭樓，馬可・波羅在行紀中記錄道：「每個城門的上端，以及兩門相隔的中間，都有一個漂亮的建築物，即箭樓。所以每邊共有五座這樣的箭樓。箭樓內有收藏守城士兵的武器的大房間」。〔註37〕箭樓面闊三間，進深三間，是防禦火攻的設施。

2.1.5　城市街道與坊巷

城門內是寬闊筆直的大街，寬 24 步，兩座城門之間大多加闢寬 12 步的乾道，這些乾道縱橫交錯，連同順城街在內，大都城東西乾道與南北乾道各九條。此外有「三百八十四火巷，二十九胡通」〔註38〕與乾道相連。由於城中有海子相隔，且南北城門並不對應，故城市乾道常出現丁字相交的情況。城中街道系統整齊規則，胡同之間的距離大致相等，使大都城呈現莊嚴、宏偉的外貌。從中心臺向西，沿積水潭東北岸闢有全城唯一一條斜街，爲棋盤狀的街道網增添一點變化。

大都城的規劃布局，繼承了中國古代城市規劃的特點，遵循「前朝後市，左祖右社」的規制，又打破了漢唐以來的封閉型坊式建築，城市面貌爲之一新，在中國都城建設史上佔有極爲重要的地位。

2.2　元大都的中軸線、中心臺與鐘鼓樓

2.2.1　元大都中軸線的位置

元大都城市規劃具有貫穿全城的南北向中軸線。世祖建都之時，「問於劉太保秉忠定大內方向。秉忠以今麗正門外第三橋南一樹爲向以對，上制可，遂封爲獨樹將軍，賜以金牌」，〔註39〕中軸線正對麗正門外第三橋南之樹，外

〔註37〕《馬可波羅行紀》，第二卷，第十一章。
〔註38〕《析津志輯佚》，「城池街市」條。
〔註39〕《析津志輯佚》，歲紀，213 頁。

城、皇城、宮城的正門都在這條中軸線上。

元大都的中軸線位置，是研究元大都城市規劃的一個重要問題，歷來研究著作對此說法不一，大致可概括爲兩種意見，下面分別進行分析。

（一）認為元大都中軸線在明清北京中軸線之西，即今舊鼓樓大街至故宮武英殿附近一線，明清北京城中軸線較元代東移

從乾隆時期的《日下舊聞考》開始，直到近代奉寬《燕京故城考》、朱偰《元大都宮殿圖考》以及王璞子《元大都城平面規劃述略》等，都認爲元大都的中軸線在明清北京城中軸線之西，即今舊鼓樓大街南北一線。〔註40〕這一說法的主要依據在於認爲元大都的鐘、鼓樓及中心臺均在今舊鼓樓大街，中心臺爲全城之中，由此確定元大都中軸線爲正對鐘、鼓樓的舊鼓樓大街南北一線。然而，元大都鐘鼓樓及中心臺的具體位置夙無定論，而且鐘鼓樓的位置也不能成爲判斷城市中軸線位置的依據。

支持元大都中軸線在今舊鼓樓大街的依據另外有二：一是文獻中有明代宮城東移的說法，二是認爲故宮武英殿東牆外、明思善門前原有石橋即元代周橋。筆者認爲這兩條依據均值得商榷。

1．文獻中關於明代宮城東移的說法實屬誤讀

最早提出明代北京城中軸線東移之說的是清人于敏中，《日下舊聞考·宮室》云：

> 明初燕邸仍西宮之舊，當即元之隆福、興聖諸宮遺址，在太液池西。其後改建都城，則燕邸舊宮及太液池東之元舊內並爲西苑地，而宮城則徙而又東。〔註41〕

于敏中的這一說法成爲明北京城中軸線東移的重要史料依據，而其認爲明代宮城東徙的依據，主要是《春明夢餘錄》與《湧幢小品》。《春明夢餘錄》載：

> 初，燕邸因元故宮，即今之西苑，開朝門於前。元人重佛，朝門外有大慈恩寺，即今之射所。東爲灰廠，中有夾道，故皇牆西南一角獨缺。太宗登極後，即故宮建奉天三殿以備巡幸受朝。至十五年，改

〔註40〕參見奉寬《燕京故城考》，《燕京學報》，第 5 期，1929 年；朱偰《元大都宮殿圖考》，商務印書館，1936 年；王璞子《元大都城平面規劃述略》，《故宮博物院院刊》，1960 年，第 2 期。

〔註41〕《日下舊聞考》，卷33，宮室，明一，494 頁。

建皇城於東，去舊宮可一里許，悉如金陵之制，而宏敞過之。〔註42〕

《湧幢小品》載：

　　　　文皇初封於燕，以元故宮爲府，即今之西苑也。靖難後，就其
　　　地亦建奉天諸殿。十五年改建大內於東，去舊宮可一里，悉如南京
　　　之制，而宏敞過之，即今之三殿。〔註43〕

明代宮城是否東徙，關鍵在於《春明夢餘錄》、《湧幢小品》中所謂元之「故宮」及「舊宮」所指爲何。根據《春明夢餘錄》的記載，永樂帝登極前所居燕王府沿用元之「故宮」，地在清代西苑的位置，元季此處爲大都皇城內的西宮，「故宮」應爲隆福宮或興聖宮之一。

　　明代射所有兩處：一在皇城西南的小時雍坊內，屬元代大慶壽寺故址。〔註44〕明正統年間重修大慶壽寺，易名爲大興隆寺，又稱大慈恩寺。〔註45〕寺院嘉靖年間毀於火，改作射所，作爲「點視軍士及演馬教射之地」，〔註46〕位置在今西長安街以北、府右街以西、力學胡同以南、鐘聲胡同以東的地塊內；一在皇城以北日忠坊內海印寺橋南，即今地安門大街以北、龍頭井街以東、前海西沿以西的位置。〔註47〕燕王府朝門外「有大慈恩寺，即今之射所」，可以確定燕王府所因元之「故宮」即隆福宮。

　　今日府右街在靈境胡同以南的部分，明代北段稱「灰廠街」，南段稱「石廠街」，〔註48〕《京師五城坊巷胡同集》「小時雍坊」條中亦有「灰廠」、「石廠」之名，可知明代街旁設有灰廠、石廠，可能是修建中南海宮苑時堆放灰料、石料的場所。其位置在射所以東，與《春明夢餘錄》中「東爲灰廠」的記載吻合。

　　永樂皇帝登極後，「即故宮建奉天三殿以備巡幸受朝」，當指營建西宮一事。《明太宗實錄》載：「（永樂十四年八月）丁亥，命工部作西宮爲視朝

〔註42〕　《日下舊聞考》，卷33，宮室，明一，496頁。

〔註43〕　（明）朱國禎《湧幢小品》，卷4，宮殿，74頁，中華書局，1959年。

〔註44〕　《帝京景物略》：「按今射所，亦慶壽寺」，卷4，西城內，159頁。

〔註45〕　《日下舊聞考》，卷43，城市，686～687頁。

〔註46〕　《萬曆野獲編》，轉引自《日下舊聞考》，卷43，城市，685頁。

〔註47〕　位於小時雍坊的射所建於嘉靖二十九年（1550），不久因金鼓聲響徹大內，將射所移至日忠坊內海印寺橋南，參見《帝京景物略》，卷4，西城內，159頁。

〔註48〕　參見徐蘋芳《明北京城復原圖》。《乾隆京城全圖》只在北段標注「灰廠街」，南段未作標注，可能乾隆時「灰廠街」與「石廠街」已統稱「灰廠街」，清末「灰廠街」的南段稱「郵傳部後身」。

之所」，〔註49〕「（永樂十五年四月）癸未，西宮成」，〔註50〕西宮是在燕王府基礎上進行改建的，仍是利用元大都隆福宮舊址，工程始於永樂十四年（1416），次年完工。《春明夢餘錄》記永樂十五年（1417）「改建皇城於東」，對照《湧幢小品》可知為改建大內宮殿，「去舊宮可一里許」。史籍未明言「舊宮」具體所指，對其理解出現諸多歧義，一種觀點認為「舊宮」即位於元代西內的燕王府，另一種觀點則認為「舊宮」指元大內。〔註51〕

從《春明夢餘錄》、《湧幢小品》上下文關係推斷，「舊宮」可能指位於元隆福宮的燕王府。永樂十五年（1417）改建的大內宮殿「去舊宮可一里許」，明代一里為 360 步，一步五尺，按 1 明尺 0.318 米計，明代一里相當於 572.4 米，「舊宮」與大內宮殿間距離為 572.4 米。明清紫禁城城垣並無變化，明永樂間所改大內之西垣即在今故宮西垣的位置。據《南村輟耕錄》記載，太液池中圓坻西有木弔橋，「通興聖宮前之夾垣」，〔註52〕隆福宮在「興聖宮之前」，〔註53〕隆福宮西垣距圓坻西側木弔橋西端應為不遠。設隆福宮西垣在今眞如胡同南北一線，從今日北京地圖量得，其與大內西垣間的距離為 790 米，與「可一里許」大致符合。而若將「舊宮」理解為元大內，明宮城在元宮城東「可一里許」，則明宮城西垣以西 572.4 米處應為元宮城西垣或東垣的位置。從地圖上量得，故宮西垣以西 572.4 處在今中海西岸，中海元時已存，為太液池的一部分，由此推得元大內跨太液池而建或在太液池之西，與史實明顯牴牾，從而證明《春明夢餘錄》、《湧幢小品》中所謂的「舊宮」即利用元隆福宮改建的燕王府。

由此可見，根據《春明夢餘錄》、《湧幢小品》中「去舊宮可一里許」的記載無法推出明代宮城較元代東徙，于敏中認為明宮城「徙而又東」是對史料的誤讀，將「舊宮」理解作元大內之故。後世一些學者於此有所疏忽，習非成是，誤將其作為明北京城中軸線東移的證據。

〔註49〕《明太宗實錄》，卷 179。
〔註50〕《明太宗實錄》，卷 187。
〔註51〕李燮平認為「舊宮」指因元西內改建的燕王府，參見李燮平《燕王府所在地考析》，《故宮博物院院刊》，1999 年第 1 期。奉寬、朱、王璞子都認為「舊宮」指元大內，參見奉寬《燕京故城考》，《燕京學報》，第 5 期，1929 年；朱偰《元大都宮殿圖考》，商務印書館，1936 年；王璞子《元大都城平面規劃述略》，《故宮博物院院刊》，1960 年，第 2 期。
〔註52〕《南村輟耕錄》，卷 21，宮闕制度，256 頁。
〔註53〕《南村輟耕錄》，卷 21，宮闕制度，252 頁。

2‧認為故宮武英殿東牆外、明思善門前原有石橋即元代周橋並無根據

今日故宮西部太和門和武英殿之間，有一座橫跨金水河的單拱石劵橋，雕刻極精，明代稱思善門外橋，清代稱武英殿東石橋，俗稱「斷虹橋」或「斷魂橋」。此橋恰在今舊鼓樓大街南向延長線上，有學者認為此橋即元代崇天門外周橋，從而斷定元大都中軸線在今舊鼓樓大街南北一線。下文對元之周橋與清代斷虹橋進行比較，以定斷虹橋是否元之周橋。

《南村輟耕錄》記崇天門外周橋「三虹，上分三道，中為御道，鑴百花蟠龍」。〔註54〕《故宮遺錄》：「河上建白石橋三座，名周橋，皆琢龍鳳祥雲，明瑩如玉。橋下有四白石龍，擎戴水中，甚壯。度橋可二百步為崇天門」。〔註55〕元之周橋為三虹，今之斷虹橋僅一虹，明初截去兩虹唯留一虹的說法於史無據，不能因「斷虹」之名而定此橋即元之周橋。斷虹橋拱劵高度與跨度之比約為 1：3，不同於一般石橋砌成多邊形、半圓形或尖角形的做法，而是用較低的矢跨砌成小於半圓的一段弧形，橋形顯得輕盈勻稱，宛如截取天上的一段彩虹，「斷虹」之名可能由來於此。〔註56〕

其次，斷虹橋的欄板上雕刻精美，「為諸橋冠」，〔註57〕欄板中心部位都是兩條行龍圖案，一條追逐火焰寶珠，一條在前回首相戲。龍的襯底是各種花卉，有牡丹、萱花、荷花、菊花、蜀葵、慈姑等十餘種。欄板的周邊，是統一的二方連續圖案，其下是錦地夔龍紋，上邊為卷草紋。斷虹橋十八塊欄板均無鳳的圖案，與《故宮遺錄》所言「皆琢龍鳳祥雲」不符。斷虹橋下石劵左右兩側頂部，各有一巨大的漢白玉雕螭首，氣勢頗為雄壯，為故宮其他橋所無。望柱柱頭雕成荷葉狀，荷葉上是三重蓮花瓣，蓮蓬頂部獅子造型各異，活潑可愛。斷虹橋細部特徵具有元代風格，但無法據此斷定此即元之周橋。因為明初雕刻尚未形成自己的特色，手法多因襲元代，風格粗獷古樸，斷虹橋很可能是明初改建大內時所建。鄭連章研究認為斷虹橋建於明初，只是初建紫禁城時設計建造的許多橋，「大多數都經過了後代的改造和重建，已經不是原樣了，而保存至今的斷虹橋，卻依然保存了初建時的面貌」。〔註58〕

另外，根據《故宮遺錄》的記載，元代周橋距崇天門的距離為「二百步」。

〔註54〕《南村輟耕錄》，卷21，宮闕制度，250頁。

〔註55〕《故宮遺錄》，73頁。

〔註56〕參見鄭連章《紫禁城裏斷虹橋》，《紫禁城》，1980年第4期，29頁。

〔註57〕《清宮述聞》，卷3，述外朝三，155頁，北京古籍出版社，1988年。

〔註58〕《紫禁城裏斷虹橋》，《紫禁城》，1980年第4期，28頁。

按元代 1 步爲 1.575 米計，200 步合 315 米。元大內崇天門的位置已有定論，位於今故宮太和殿的位置。〔註59〕若斷虹橋即元之周橋，從今日地圖上量得，其與故宮太和殿中心的南北距離爲 223 米，與 315 米相去甚遠。太和殿中心以南 315 米處恰在故宮金水橋中央一座橋的中點上，可以說明，元大都周橋應在今故宮金水橋東西一線上。

由此可見，認爲明清紫禁城之斷虹橋即元之周橋並無依據，由此推斷明清北京城中軸線東移的結論亦不能成立。

（二）認爲元大都中軸線與明清北京中軸線一致

元大都考古隊通過考古發掘，首先對明北京城中軸線東徙的說法提出質疑，認爲「元大都全城的中軸線，南起麗正門，穿過皇城的靈星門，宮城的崇天門、厚載門，經萬寧橋（又稱海子橋，即今地安門橋），直達大天壽萬寧寺的中心閣（今鼓樓北），這也就是明清的中軸線。經過鑽探，在景山以北發現的一段南北向的道路遺跡，寬達 28 米，即是大都中軸線上大道的一部分」。〔註60〕

單士元根據七十年代對元大都的考古發掘，也對傳統的說法提出疑問：「按傳統說法，從舊鼓樓大街向南越過什剎海，在今地安門內以西的油漆作、米糧庫、恭儉胡同（舊名內官監）一帶，在景山西門內至陟山門大街一帶，按東西方向排探，尋找南北向的中軸大街，由北向南探了六個探卡，但均未發現元代土路……只能說這條中軸線是不存在的。然後又在今地安門大街南一線進行鑽探，在今景山北門牆外，探出東西寬約 18 米南北大街一段，在景山公園內壽皇殿（今少年宮）前，探得一大型建築物的夯土基址，又在其稍南景山北麓下，探得南北大街的路土。因此可以肯定，這條南北大街，就是元大都的中軸大街，它與今地安門內大街是重疊的。壽皇殿前的大型建築基址，則是元大都城宮城北門（厚載門）的基址，就是根據這個結果，否定傳統說法——以舊鼓樓大街爲中軸」〔註61〕，認爲元大都的中軸線與明、清北京城的中軸線是重合的。

〔註59〕 參見元大都考古隊《元大都的勘查和發掘》，21 頁，《考古》，1972 年第 1 期。侯仁之《元大都城與明清北京城》，《故宮博物院院刊》，1979 年第 3 期。

〔註60〕 《元大都的勘查和發掘》，21 頁，《考古》，1972 年第 1 期。

〔註61〕 單士元《北京明清故宮的藍圖》，《科技史文集》，第 5 輯，上海科學技術出版社，1980 年。

　　趙正之《元大都平面規劃復原的研究》亦認爲「元大都的中軸線就是明清北京的中軸線，明永樂建都之時，仍利用了這條中軸，並未改變。元大都中軸線的北端正對著大天壽萬寧寺的中心閣，而不對著鐘鼓樓」。〔註62〕

　　元大都南端有兩處元代遺跡可爲確定中軸線位置提供佐證。這兩處遺跡都在宮城前方，西爲雲仙臺，〔註63〕在今南長街西百代胡同東的位置，東爲太乙神壇，在今南池子大街西普渡寺西巷東的位置。〔註64〕這兩處遺址都是元代皇室舉行祭祀活動的場所，對稱地布置在今故宮午門外的大道兩旁，由此也可說明清北京城沿用元大都城中軸線。〔註65〕

　　此外，若元大都中軸線在舊鼓樓大街南北一線，則大都城南門麗正門的位置應在今舊鼓樓大街向南的延長線與東西長安街的交點上，距明清北京城中軸線的距離爲 163 米。元大都麗正門南應有大街通往南郊祭壇，然而考古勘查並未在正陽門西側 163 米處探出大街遺跡。

　　以上事實都可以證明，元大都中軸線並非在舊鼓樓大街南北一線，元大都的中軸線與明清北京城的中軸線是一致的。

2.2.2　中心臺與中心閣

　　大都城的設計，首先是在積水潭東北岸選定一點作爲全城平面布局的中心，立中心臺。《析津志》載：

　　　　　　中心臺在中心閣西十五步。其臺方幅一畝，以牆繚繞。正南有
　　　石碑，刻曰：中心之臺，定都中東、南、西、北四方之中也。在原
　　　廟之前。〔註66〕

中心臺爲大都城的中心，大都城中軸線必然通過中心臺。前文已經證明元大都的中軸線與明清北京城中軸線一致，因而元大都的中心臺應在今鐘、鼓樓南北一線。

　　考古勘查業已探明元大都城垣四至：北面的城牆即今北京北三環外的土

〔註62〕趙正之《元大都平面規劃復原的研究》，《科技史文集》，第 2 輯，15 頁，上海科學技術出版社，1979 年。

〔註63〕《元史》：「（至元三十一年五月）庚申，祭紫微星於雲仙臺」，本紀第 18，成宗一，383 頁。

〔註64〕參見第 4 章第 4 節。

〔註65〕參見《元大都平面規劃復原的研究》，《科技史文集》，第 2 輯，15 頁。

〔註66〕《析津志輯佚》，古蹟，104 頁。

城遺址處，東西兩面城牆與明清北京城東西牆一致，南面城牆在今東西長安街南側。元大都城市平面呈南北略長的長方形，南北長約 7600 米，東西寬約 6700 米，周回約 28600 米。〔註67〕中心臺位於城市中心，應在距元大都南北城牆各 3800 米、東西城牆各 3350 米的位置上。在今日的北京地圖上標出這一點，發現位於鐘樓灣胡同、鼓樓西大街、舊鼓樓大街與鈴鐺胡同四條街圍合的地塊中央，並不在今鐘、鼓樓南北一線上，與上文結論不符。

侯仁之在《元大都城與明清北京城》一文中，指出元大都確定城牆位置的方法：

> 從中心臺向南採取了恰好包括皇城在內的一段距離作為半徑，來確定大城南北兩面城牆的位置，同時又從中心臺向西恰好包括了積水潭在內的一段距離作為半徑，來確定大城東西兩面城牆的位置。只是由於東牆位置上遇有低窪地帶，不宜築牆，這才向內稍加收縮作為東牆牆址。〔註68〕

元大都的城市建設是先確定中心臺的位置後修築城牆的。大都城東牆的位置是以中心臺為圓心、以積水潭寬度為半徑確定的，但由於規劃的東牆位置「遇有低窪地帶」，稍微收進作為東牆牆址。因此，中心臺至大都城東牆的距離略小於至西牆的距離，至南北牆的距離則是相等的。元大都中心臺並不在城市幾何中心，而是在幾何中心東西一線稍微偏東的位置。

由此可見，元大都中心臺應在今鐘、鼓樓南北一線，距北土城遺址與東西長安街各 3800 米的位置上。在今日地圖上標出這一點，可以發現，元大都中心臺恰在明、清鐘鼓樓連線正中的位置。

《析津志·祠廟儀祭》「原廟」條中有「完者篤皇帝中心閣」，〔註69〕「亦憐眞班皇帝憫忌中心閣」，〔註70〕可知中心閣即大天壽萬寧寺內祭祀帝后御容的原廟。〔註71〕元大都中心臺「在原廟之前」，且「在中心閣西十五步」，中

〔註67〕 參見《元大都的勘查和發掘》，《文物》，1972 年第 1 期。

〔註68〕 《元大都城與明清北京城》，《故宮博物院院刊》，1979 年第 3 期，5 頁。

〔註69〕 《析津志輯佚》，祠廟 儀祭，63 頁。

〔註70〕 《析津志輯佚》，祠廟 儀祭，64 頁。

〔註71〕 中心臺、中心閣所在位置元時屬金臺坊，坊內敕建佛寺唯大天壽萬寧寺，中心閣應為大天壽萬寧寺之原廟。大天壽萬寧寺明季尚存，改稱萬寧寺，張爵《京師五城坊巷胡同集》「金臺坊」載：「倒鈔胡同 點銅廠街 萬寧寺 鐘樓胡同 亭子張街」，從排列順序可以看出萬寧寺在明鐘鼓樓以東，說明元代大天壽萬寧寺應在中心臺以東的位置。

心閣的位置應在中心臺的東北方向，與中心臺東西方向的距離爲 15 步，合 23.625 米。

2.2.3　元大都的鐘鼓樓

元大都城內中心位置設鐘鼓樓，每日擊鼓鳴鐘爲全城報時。然而，鐘鼓樓的具體位置史籍並無明確的記載，學界對此聚訟紛紜，大致有三種不同的看法：

（一）奉寬、朱偰、王璞子認爲元之鐘鼓樓在今鐘鼓樓西偏，鼓樓在今舊鼓樓大街南口，鐘樓在其北。〔註 72〕1972 年《考古》雜誌發表《元大都的勘查和發掘》一文，亦認爲「元大都的鐘鼓樓，並不在中軸線上，而是偏於中軸線稍西，即今舊鼓樓大街。」〔註 73〕侯仁之主編的《北京歷史地圖集》進一步指出鼓樓在今舊鼓樓大街南口，鐘樓位於舊鼓樓大街北的十字交叉口，即明清北城牆的豁口上。〔註 74〕

（二）趙正之在《元大都平面規劃復原的研究》一文中，認爲元大都的鐘鼓樓是在今舊鼓樓大街以西、今小黑虎胡同內，鼓樓在其正南，即今清虛觀附近。宮城中軸線正對鐘鼓樓的形式始自明永樂間，元大都宮城中軸線正對大天壽萬寧寺，元代鐘鼓樓並不在大都城中軸線上。〔註 75〕

（三）王燦熾《元大都鐘鼓樓考》認爲「元大都鼓樓舊址，既不在今舊鼓樓大街南口，也不在今舊鼓樓大街西清虛觀舊址附近，而是正居都城之中，在宮城北中軸線上，即在今鼓樓所在地」〔註 76〕，元大都鐘鼓樓與明清時期鐘鼓樓位置一致。（圖 2.2）

〔註 72〕　參見奉寬《燕京故城考》，《燕京學報》，第 5 期，1929 年；朱偰《元大都宮殿圖考》，商務印書館，1936 年；王璞子《元大都城平面規劃述略》，《故宮博物院院刊》，1960 年，第 2 期。

〔註 73〕　元大都考古隊《元大都的勘查和發掘》，《考古》，1972 年第 1 期。

〔註 74〕　參見侯仁之《北京歷史地圖集》，北京出版社，1988 年。

〔註 75〕　趙正之《元大都平面規劃復原的研究》，《科技史文集》，第 2 輯，15 頁，上海科學技術出版社，1979 年。

〔註 76〕　王燦熾《元大都鐘鼓樓考》，《故宮博物院院刊》，1985 年第 4 期，29 頁。

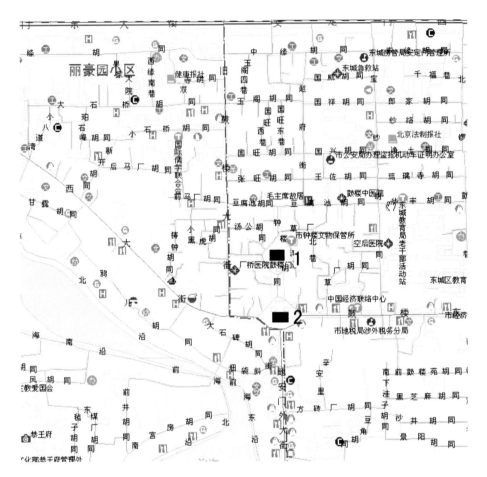

圖2.2　今日北京鐘鼓樓地帶

1.鐘樓；2.鼓樓

　　以上諸家說法何者爲是，需對照文獻與今日北京街道、胡同肌理進行比勘分析。元大都鼓樓又稱齊政樓，《析津志》載：

　　　　齊政樓都城之麗譙也。東，中心閣。大街東去即都府治所。南，海子橋、澄清閘。西，斜街過鳳池坊。北，鐘樓。此樓正居都城之中。樓下三門。樓之東南轉角街市，俱是針鋪。西斜街臨海子，率多歌臺酒館。有望湖亭，昔日皆貴官遊賞之地。樓之左右，俱有果木、餅麵、柴炭、器用之屬。齊政者，書璇璣玉衡，以齊七政之義。上有壺漏鼓角。俯瞰城堙，宮牆在望，宜有禁。〔註77〕

〔註77〕《析津志輯佚》，古蹟，108頁。

鐘樓在鼓樓北：

> 至元中建，閣四阿，簷三重，懸鍾於上，聲遠愈聞之。〔註78〕

> 鐘樓之制，雄敞高明，與鼓樓相望。本朝富庶殷實莫盛於此。

> 樓有八隅四井之號。蓋東、西、南、北街道最爲寬廣。〔註79〕

鐘樓東、西、南、北四個方向各有一條大道，故有「八隅四井」之號，鐘樓
四周分佈著各類市場。《析津志·城池街市》記大都城珠子市在「鐘樓前街西
第一巷」，米市、麵市在「鐘樓前十字街西南角」，〔註80〕可知鐘樓前有十字
街，南街稱鐘樓前街。

若元大都鐘鼓樓位置與明清時期鐘鼓樓位置一致，則鐘樓僅南側有一條
並不寬闊的胡同，東、西、北三向均無街道，與史籍記載並不吻合。若元大
都鐘鼓樓位於今舊鼓樓大街以西的小黑虎胡同與清虛觀附近，鐘樓之前亦不
存在十字街。將元大都示意圖與今日北京地圖對照可以看出，元大都鐘樓的
位置只能在今舊鼓樓大街北端、明清北城牆豁口的位置，鐘樓前的十字街分
別爲今安定門西大街、舊鼓樓大街、德勝門東大街與舊鼓樓外大街。元大都
鼓樓在鐘樓的正南，鼓樓東南轉角有街市，西爲斜街，東有大街通大都路總
管府。根據這些記載，可以確定元大都鼓樓應在今舊鼓樓大街南口，舊鼓樓
大街即因元代鐘、鼓樓而得名。侯仁之主編的《北京歷史地圖集》「元大都」
圖中標示的鐘、鼓樓位置是正確的。

綜上所述，元大都的中軸線與明、清北京城的中軸線重合，它南起麗正
門，穿過皇城的欞星門、宮城的崇天門、大明門、大明殿、延春閣、厚載門，
經海子橋直達中心臺，皇城、宮城都位於城市南北中軸線上。（圖 2.3）

〔註78〕 《析津志輯佚》，古蹟，108 頁。
〔註79〕 《析津志輯佚》，古蹟，108 頁。
〔註80〕 《析津志輯佚》，城池街市，5 頁。

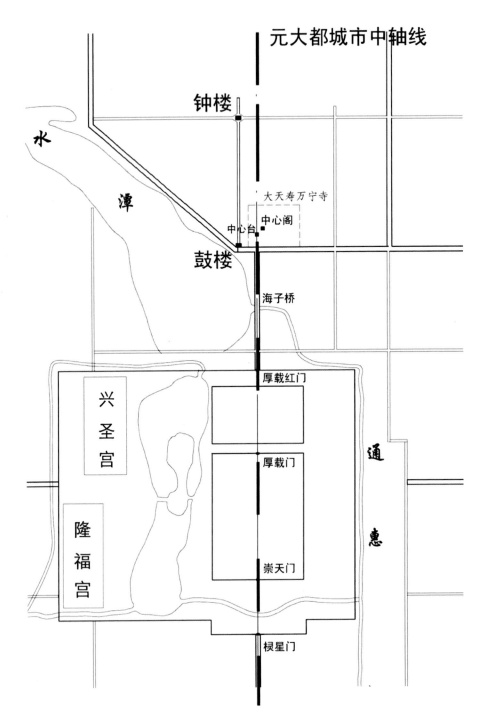

圖 2.3　元大都中軸線、中心臺與鐘鼓樓位置

2.3　元大都的街坊

　　元大都城內設有五十坊，由左、右警巡院管轄，坊之劃分當以城內街道為界。某些坊設坊門，門上署有坊名，如《日下舊聞考》卷三十八引《元一統記》所載，五雲坊東、萬寶坊西設有坊門，在御街千步廊兩側相向而立。〔註81〕但大部分坊已不設坊牆，酒樓茶肆開始遍佈於街頭巷尾。

　　《析津志》載元大都坊名「元五十，以大衍之數成之，名皆切近。乃翰林院侍書學士虞集伯生所立。」〔註82〕元大都城內各坊名稱大多依據《周易》等儒家經典，如泰亨坊地在東北寅方，取泰卦吉亨之義以名；乾寧坊地在西北乾位，取《周易》乾卦萬國咸寧之義以名；時雍坊取《尚書》黎民於變時雍之義以名等。另有部分坊是根據坊內或附近的建築得名，如福田坊因坊有梵剎而得名，阜財坊因坊近庫藏，取虞舜南風歌阜民財之義以名，等等。〔註83〕

　　《元一統志》載元大都共 49 坊，與《析津志》所言 50 坊之數不合，或為遺漏所致。《析津志》所載里仁坊以下諸坊之名，大多不在虞集所立 50 坊的坊名中，而往往與明代張爵《京師五城坊巷胡同集》中的名稱相符，可見《析津志》中里仁坊下諸坊坊名很可能為元末之稱謂。

　　王璞子《元大都城平面規劃述略》一文根據《元一統志》與《析津志》，對元大都城內各坊的名稱及大致位置作了考證，對進一步對元大都城坊展開研究大有裨益。〔註84〕在此基礎上，根據《元一統志》、《析津志》、《日下舊聞考》以及明清北京方志所載，將元大都城內各坊名稱、位置及取名意義列表如表 2.1。

表 2.1　元大都城內各坊

名　　稱	位　　置	取名意義	備　　註
福田坊	在西白塔寺（析）	坊有梵剎取福田之義	凡表中所列，均見元一統志，注（析）字者，並見析津志。
阜財坊	近庫藏 順承門內金玉局巷口（析）	取堯舜南風歌阜民財之義	
金城坊	在平則門內（析）	取聖人有金城金城堅固久安之義	

〔註81〕《元一統志》，引自《日下舊聞考》，卷38，京城總紀，602 頁。
〔註82〕《析津志輯佚》，城池街市，2 頁，北京古籍出版社，2000 年。
〔註83〕參見《元一統志》，卷一，6～8 頁，中華書局，1966 年。
〔註84〕王璞子《元大都城平面規劃述略》，《故宮博物院院刊》，1960 年第 2 期。

玉鉉坊	近中書省 在中書省前相近（析）	案周易鼎玉鉉大吉以坊近中書省取此義
保大坊	近樞密院 在樞府北（析）	案傳曰武有七德保大定功以坊近樞密院取此義
靈椿坊	在都府北（析）	取燕山竇十郎靈椿一株老之詩
丹桂坊	在靈椿北	取燕山竇十郎教子故事丹桂五枝芳之義
明時坊	近太史院 在太史院東（析）	取周易革卦君子治曆明時之義
鳳池坊	近海子在舊省 在斜街北（析）	取鳳凰池之義
安富坊	在順承門羊角市（析）	取孟子安富尊容之義
懷遠坊	在西北隅（析）	取左傳懷遠以德之義
太平坊		取天下太平之義
大同坊		取四方會同之義
文德坊		案尚書誕敷文德取此義
金臺坊		案燕昭王築黃金臺以禮賢士取此義
穆清坊	近太廟	取毛詩於穆清廟之義
五福坊	在中地	取洪範五福之義
泰亨坊	在東北寅方	取泰卦吉亨之義
八政坊	近萬斯倉八作司	取洪範八政食貨為之先之義
時雍坊		取尚書黎民於變時雍之義
乾寧坊	在西北乾位	取周易乾卦萬國咸寧之義
咸寧坊		取尚書野無遺賢萬國咸寧之義
同樂坊		取孟子與民同樂之義
壽域坊		取杜詩八荒開壽域之義
宜民坊		取毛詩宜民宜人之義
析津坊	近海子	燕地分野上應析木之津地近海子故取析津為名
康衢坊		取堯時老人擊壤康衢之義
進賢坊		取賢才並進之義
嘉會坊	在南方	坊在南方南方屬禮取周易嘉會之義
平在坊	在北方	取尚書平在朔易之義

和寧坊		取周易保合太和萬國咸寧之義	
智樂坊	近流水	取智者樂水之義	
鄰德坊		取論語德不孤必有鄰之義	
有慶坊		案尙書一人有慶兆民賴之取其義	
清遠坊	在西北隅	取遠方清寧之義	
日中坊	地當正中	取日中為市之義	
寅賓坊	在正東	取尙書寅賓出日之義	
西成坊	在正西	取尙書平秩西成之義	
由義坊	在西市	取孟子居仁由義之言分為東西坊名	
居仁坊	在東市		
睦親坊	近諸王府	取尙書以親九族九族既睦之義	
仁壽坊	近御藥院	取仁者壽之義	
萬寶坊	大內前右千步廊門在西	坊門在西屬秋取萬寶秋成之義	
豫順坊		案周易豫卦豫順以勤利建侯行師取義此	
甘棠坊		案燕地乃周召公所封詩人美召公之政有甘棠篇取此義	
五雲坊	大內前左千步廊坊門在東與萬寶對立	取唐詩五雲多處是三臺之義	
湛露坊	近官酒庫	案毛詩湛露為錫宴群臣沾恩如湛露坊近官酒庫取此義	
樂善坊	近諸王府	取漢東平王為善最樂之義	
澄清坊	近御史臺	取澄清天下之義	
自里仁以下諸坊名均見析津志			
里仁坊	在鐘樓西北		
發祥坊	在永錫坊西		
永錫坊			
善利坊	三相公寺前		
樂道坊			
好德坊			
招賢坊	在翰林院西北		
善俗坊	在健德門		
昭回坊	在都府南		

居賢坊	在國學東		
鳴玉坊	在羊市之北		
展親坊	在草市橋西		
惠文坊			
請茶坊	在海子橋北		
訓禮坊	在順承門裏倒鈔庫北		
咸宜坊			
思誠坊	東		
皇華坊	與思誠坊相對		
明照坊			
蓬萊坊	在天師宮前		
南薰坊	在光祿寺東		
甘棠坊	在健德門		
遷善坊			
可封坊			
豐儲坊	在西倉西		

2.4 元大都的居民區與市場

大都城居民分佈大致有四個區：

東城區：是各種衙署與貴族住宅的集中區，元代中書省、樞密院、御史臺三大政權機構都設在這一區，其他如光祿寺、侍儀司、太倉、禮部、太史院等，也在東城區。達官權要紛紛在此區建宅，便於就近上朝與相互結交，如昌童府第在齊化門內太廟前，哈達王府在文明門內。這一區人口非常密集，商業也很繁盛。

北城區：皇城北面的海子（積水潭）是南北大運河的終點，水運便利，成為繁榮的商業區，歌臺、酒館、商市、園亭及生活必需品的商市會聚於此。鐘樓北面有全城最大一處窮漢市，表明鐘樓以北地區多為下層民眾聚居的地方。

西城區：這裡的居民也較密集，但層次稍低於東城。順承門一帶是連接新舊兩城的交通樞紐，酒樓、茶肆特別集中，並設有都城隍廟、倒鈔庫、酒樓、窮漢市等。

南城區：包括金中都舊城城區與新城前三門關廂地區。南城舊居民區以

大悲閣周圍居民最為稠密，集中了南城市、蒸餅市、窮漢市三處商市。這裡居民多為既無份地又無財力的下層民眾。

　　大都城內的市場，分佈於全城，但主要市肆集中於三處：一處集中在積水潭東北岸的斜街，稱為斜街市，這裡交通方便，商業繁榮，四時遊人不絕。一處在平則門大街與順承門大街交會口附近（即今西四牌樓附近），名為羊角市，〔註85〕買賣牲口的駝市、羊市、牛市、馬市集中於此。還有一處在皇城外東南角，稱為樞密院角市。此外，各城門內外也成為商業集中的場所。

表 2.2　元大都城內的市場〔註86〕

名　稱	位　置	備　註
斜街市	日中坊	轉錄同書引《洪武北平圖經志書》
羊角市	鳴玉坊、咸宜坊	
舊樞院角市	南薰、明照二坊	
米市	鐘樓前十字街西南角	轉錄同書引《析津志》
麵市	俱在羊角市一帶	
羊市		
馬市		
牛市		
駱駝市		
驢騾市		
雜貨市	十市口	
柴草市	十市口北	此地若集市，今年俱於此街西為貿易所
段子市	鐘樓街西南	
皮帽市	同上	

〔註85〕《析津志輯佚》：「安富坊　在順承門羊角市」，城池街市，3 頁，可知羊角市在順承門內。「鳴玉坊　在羊市之北」，城池街市，4 頁。張爵《京師五城坊巷胡同集》有「鳴玉坊」之名，位置在今西城區福綏境地區，坊界東至西四北大街、新街口南大街，南抵阜城門內大街，西至趙登禹路，北抵西直門內大街，包括元代的鳴玉、太平二坊。元大都鳴玉坊在明代鳴玉坊地塊南部，與太平坊大致以今平安里西大街為界。

〔註86〕王璞子《元大都城平面規劃述略》一文對大都城內市場位置做過研究，本表在其基礎上略有補充，參見《故宮博物院院刊》，1960 年第 2 期。

菜市	麗正門三橋 哈達門 丁字街菜市 和義門外	
帽子市	鐘樓	
窮漢市	鐘樓後 文明門外市橋 順承門城南邊街 麗正門外 順承門裏草塔兒	
鵪鴣市	喜雲樓下	
鵝鴨市	鐘樓西	
珠子市	鐘樓前街西第一巷	
省東市	檢校司門前牆下	
文籍市	省前東街	
紙劄市	省前	
靴市	翰林院東	就買底皮西甸皮諸靴材都出在一處
車市	齊化門十字街東	
拱木市	城西	
豬市	文明門外一里	
魚市	文明門外橋南一里	
草市	門門有之	
舒嚕市	鐘樓前	案舒嚕滿洲語珊瑚也，舊作沙喇，今譯改，一巷皆賣金銀珍珠寶貝
柴炭市集市	順承門外 鐘樓 千斯倉 樞密院	
人市	羊角市	至今樓子尚存，此是至元間，後有司禁約，姑存此以爲鑒戒
煤市	修文坊前	
窮漢市	大悲閣東南巷內	此三市在南城
蒸餅市	大悲閣後	
胭粉市	披雲樓南	

果市	和義門外	
	順承門外	
	安貞門外	
鐵器市	鐘樓後	

2.5　元大都的河流水系

　　元大都的水系，可以分為兩類：一是由高粱河、海子、通惠河與壩河組成的專為漕運的河道，一是由金水河、太液池組成的專供宮苑用水的系統。(圖2.4)

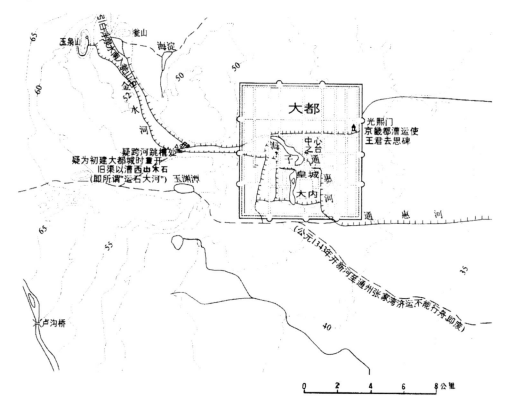

圖 2.4　元大都與水系的關係

（引自《侯仁之文集》）

　　大都城的水系規劃充分考慮了當地河湖水系的分佈，並進行有計劃的利用與改造。城內有太液池與積水潭兩處水泊，大都城規劃時選定積水潭東北

為全城中心，積水潭便成為城內水上交通中心，為此須將積水潭與大都城東南金代所開的閘河接通，保證江南的漕糧與日用物資可以通過南北大運河轉運至大都城內。

負責這一漕運工程的是時任都水監的郭守敬，他於至元二十九年（1292）提出「引北山白浮泉水，西折而南」，[註87]彙集沿途昌平白浮泉及西山諸泉等十餘處泉水入甕山泊（今昆明湖），經長河、高梁河「自西水門入城，環匯於積水潭」，[註88]復引水自積水潭東出南轉，傍皇城東牆（蕭牆）南下，經南水門出大都城，合入舊運糧河即閘河。工程完工於至元三十年（1293），大大拓展了元大都的水源，積水潭成為京杭大運河的終點與大都城內繁華之地，「揚波之櫓，多於東溟之魚；弛風之檣，繁於南山之筍」，[註89]「川陝豪商，吳楚大賈，飛帆一葦，徑抵輦下」，積水潭中「舳艫蔽水」，船貨雲集。忽必烈對這一漕運工程非常滿意，閘河遂被賜名為「通惠河」。元代在建設通惠河的同時，又將海子東北金代的漕河擴建為壩河，大德三年（1299）羅璧拓寬壩河河道，使大都漕運歲額增加六十萬石。[註90]

通惠河、壩河與白浮引水濟漕工程的成功，有力地保證了大都的漕運供給，大大方便了南北物資流通，促進人口集中與大都城的城市建設，是利用、改造河湖水系的一個創舉，在北京城市建設史上具有極為重要的意義。

大都另有一條專供宮苑用水、名為「金水河」的水道，直接從玉泉山下引水，自和義門南水關入城，曲折南下，轉至皇城西南隅外（今西城區靈境胡同西口）分為兩支。一支向東由皇城西南角入皇城，經隆福宮前注入太液池，另一支傍皇城西牆北流，繞過皇城西北城角折而向東，從皇城北面注入太液池。元代詩人描寫金水河道：「引西山之淪漪，蟠御溝而溶澤；經白玉之虹橋，出宮牆而南逝」。[註91]金水河為宮廷御苑用水而開鑿，百姓不得汲用，元初「金水河濯手有禁」，[註92]是懸為明令的。金水河流經之處，若遇其他水系則須架槽引水，橫過其上，保證金水河之水不與它水相混，稱為「跨河

〔註87〕《元史》，卷一百六十四，列傳第五十一，郭守敬傳，3852頁。
〔註88〕《元史》，卷一百六十四，列傳第五十一，郭守敬傳，3852頁。
〔註89〕黃文仲《大都賦》，文淵閣四庫全書本《歷代賦匯》卷35，轉引自《全元文》，第46冊，卷1421，133頁。
〔註90〕參見蔡蕃《北京古運河與城市供水研究》，北京出版社，1987年10月。
〔註91〕黃文仲《大都賦》，文淵閣四庫全書本《歷代賦匯》卷35，轉引自《全元文》，第46冊，卷1421，133頁。
〔註92〕《元史》，卷64，志第16，河渠一，隆福宮前河，1591頁。

跳槽」。〔註93〕金水河兩岸遍植柳樹，稱爲「御柳」。

　　元大都城內居民的生活用水，主要依靠水井。元大都城內基本每條胡同都設有水井，居民聚井而居，這種居住模式一直沿用至明清。

　　大都城有完備的排水系統，包括明渠與暗溝。城內南北主乾道的兩側設有用條石砌築的明渠，深約 1.65 米，寬約 1 米，局部溝段用條石覆蓋，排水方向與大都城的地形坡度完全一致。在幹渠的兩旁，還設有與其垂直的暗溝。城牆下預設石砌的排水涵洞，用以將城中廢水排出城外。

2.6　「八畝一分」的居住模式

　　元大都新城建成後，忽必烈下詔「詔舊城居民之遷京城者，以貲高及居職者爲先，仍定制以地八畝爲一分；其或地過八畝及力不能作室者，皆不得冒據，聽民作室。」〔註94〕，確定了貲高者宅基面積八畝的原則。據實測，北京東四三條胡同與四條胡同之間，從西口到東口正好佔地八十畝，恰好可以分爲十戶人家。（圖 2.5）按元代 1 尺合 0.315 米，五尺爲一步，1 步合 1.575 米。大都設計所用長度以步爲單位，東四三條與四條胡同之間的距離 77 米，合 50 步，去掉胡同本身 6 步的寬度，則兩條胡同之間的實際距離爲 44 步，合 69.3 米，這與北京內城現存的平行胡同之間距離是符合的。〔註95〕按元時 1 畝爲 240 平方步，每戶住宅沿胡同方向的長度爲 8×240／44=43.6 步，約 44 步。44×44 步的地塊爲大都城內每戶居民的用地面積，東西向兩條相鄰胡同之間容納十戶，是大都街區構成的基本模式。（圖 2.6）

〔註93〕　《元史》：「金水河所經運石大河及高良河、西河俱有跨河跳槽」，卷 64，志第
　　　　　16，河渠一，金水河，1591 頁。
〔註94〕　《元史》，卷 13，本紀第 13，世祖十，274 頁。
〔註95〕　參見趙正之《元大都平面規劃復原的研究》，《科技史文集》，1979 年。

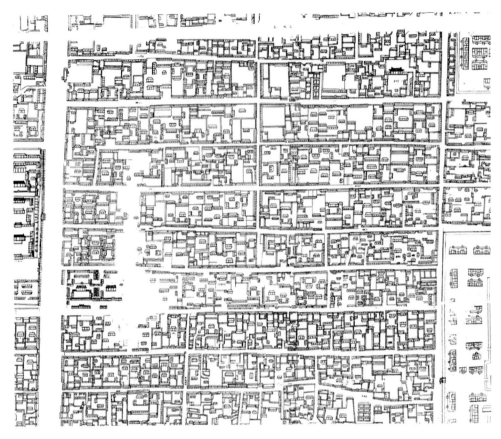

圖 2.5　《乾隆京城全圖》中東四地區胡同肌理

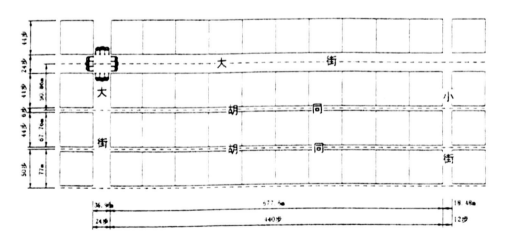

圖 2.6　元大都街區構成的基本模式

2.7　元大都城市平格網

　　根據「八畝一分」的住宅用地標準，本文進一步認為，每戶住宅用地加上兩側胡同寬度形成的 44 步×50 步的方格網，是大都城市規劃設計的基本模數，大街、小街兩側的平格隨道路寬度而發生變化，但每戶住宅八畝的基址面積是不變的。這一平格網對城市的長寬、大街小街胡同之間的距離與某些大型建築群基址規模起到控制作用，本文將這一平格網稱為元大都城市平格網。〔註96〕

　　在元大都平面圖上繪出這一平格網，可以看到，城市共劃分為 95×95 個平格。（圖 2.7）平格網的長寬加上大街、小街寬度，大都城東西方向長度為 95×44＋3×24＋4×12＝4300 步，合 6772.5 米，南北方向長度為 95×50＋3×24＋4×12－7×6＝4828 步，合 7604.1 米。這與考古勘察報告實測元大都大城東西寬度約 6700 米，南北長度約 7600 米，是完全一致的。

　　《周易》以九五之數象徵尊貴，《繫辭下》後《疏》有：「王者居九五富貴之位」，元大都城城市平格網中東西與南北皆 95 個平格，顯然是有意為之的。元大都屬於新建的都城，城市主要規劃設計者劉秉忠「尤邃於易及邵氏經世書」，〔註97〕他在大都城的設計中有意附會周易象數、完全按照自己的理念進行規劃是極為可能的，也符合忽必烈推崇儒家文化、以儒治國的思想。

　　筆者通過研究發現，元大都多數建築群的基址邊界並不落在大都城市平格網的網格線上。而若將大都城市平格網細化，以單個平格的 1／4（即 11 步×12.5 步）作為模數繪出平格網，可以發現，元大都建築群的基址規模基本都受這一新的平格網控制。為行文方便，本文將 11 步×12.5 步的平格網稱為細化的大都城市平格網。

　　綜上所述，元大都城市規劃、建築群基址規模受平格網的控制：大都城市平格網的基準網格為 44 步×50 步，對城市街道胡同的位置與某些大型建築群基址規模進行控制。將大都城市平格網進一步細化，以單個平格的 1／4 作

〔註96〕　中國古代建築通常以方格網控制建築尺度與體量關係，清代樣式雷圖檔中稱這種方格網為平格，本文採用這一稱謂，參見王其亨樣式雷研究成果；傅熹年《明代宮殿壇廟等大建築群總體規劃手法的特點》，《中國古代建築十論》，復旦大學出版社，2004 年，320～355 頁。

〔註97〕　《元史》，卷157，列傳第44，劉秉忠傳，3688 頁。

爲模數得到 11 步×12.5 步的平格網，對大部分建築群的基址規模起到控制作
用。大都城市平格網及細化的平格網如何對建築群的基址規模進行控制，本
文將在以下諸章中詳細闡述。

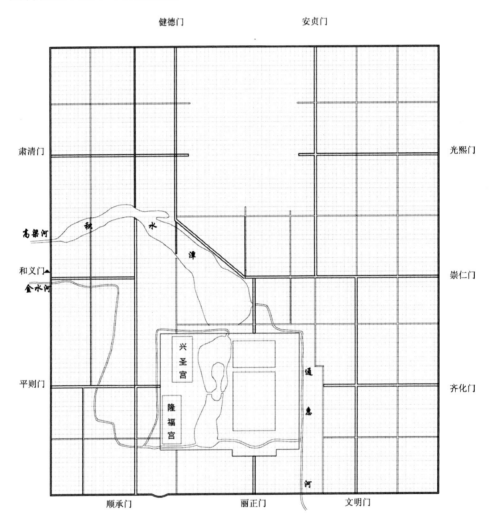

圖 2.7　元大都城市平格網

中國古代城市與里坊面積之間通常存在著模數關係。例如，隋唐長安街
道呈網格狀分佈，網格內布置坊市。隋唐洛陽城市面積、子城面積也都是一
坊面積的整數倍，子城面積的 1／4 爲大內面積，大內面積的 1／4 爲一坊面

積。〔註 98〕由此可見，元大都城市規劃中，將住宅用地面積 8 畝作爲基準確定城市平格網，是在繼承漢族都城規劃手法的基礎上的創新，而將這一平格網的 1／4 作爲新的模數，對建築群基址規模起到控制作用，也是有一定歷史淵源的。

第3章　元大都的皇城與宮城

　　元大都皇城位於大都內南部居中的位置。皇城的城牆，稱爲蕭牆。皇城共設十五座城門，門皆漆紅色，又稱紅門，蕭牆亦俗稱紅門闌馬牆。〔註1〕蕭牆北近海子，牆外密植參天喬木，「闌馬牆臨海子邊，紅葵高柳碧參天」。〔註2〕紅門內外雖一牆之隔，卻有天上人間之別，正如王冕詩中所言：「人間天上無多路，只隔紅門別是春」。〔註3〕

　　元大都皇城與宮城的平面布局，前人已經做過較爲深入的研究，主要有作於二十世紀三十年代的闞鐸《元大都宮苑圖考》與朱偰《元大都宮殿圖考》兩篇論文，〔註4〕繪製了元大都大內宮殿、隆福宮、興聖宮的平面示意圖，但圖中間有疏漏。傅熹年《元大都大內宮殿的復原研究》一文，對大明殿建築群的平面布局進行推測，並繪出這一組群內主要建築的復原圖。〔註5〕

　　本章對照文獻確定元大都皇城與宮城的周回尺度與基址規模，分析其與大都城市平格網的關係，探討元大都皇城、宮城的規制沿革。並在已有研究成果的基礎上，進一步分析元大都皇城內三座宮殿各處建築的功能，從動態的角度研究宮殿建築在元代中後期增改變易等情況，繪出三座宮殿建築平面復原圖。

〔註1〕　《大都宮殿考》：「南麗正門內千步廊可七百步，建靈星門，門建蕭牆，周回可二十里。俗呼紅門闌馬牆」，轉引自《日下舊聞考》，卷30，宮室，431頁。
〔註2〕　張昱《輦下曲》，《可閒老人集》，卷2，四庫全書本，1222冊，546頁。
〔註3〕　王冕《金水河春興》，《竹齋詩集》卷4，轉引自陳高華《元大都》，53頁。
〔註4〕　闞鐸《元大都宮苑圖考》，營造學社彙刊第二期；朱偰《元大都宮殿圖考》，北京古籍出版社，1990年3月。
〔註5〕　傅熹年《元大都大內宮殿的復原研究》，《考古學報》，1993年第1期。

3.1 皇城、宮城的周回尺度與基址規模

元大都勘查發掘業已確定大都皇城與宮城的基址範圍。皇城「東牆在今南北河沿的西側，西牆在今西皇城根，北牆在今地安門南，南牆在今東、西華門大街以南。南牆正中的櫺星門在今午門附近」。〔註6〕從今日北京地圖可以量得，元大都皇城東西方向長度為 2480 米，約合元之 1575 步，南北方向長度 2165 米，約合 1375 步。周回 5900 步，按元代 1 里 240 步計，〔註7〕約合 24.6 里，與《故宮遺錄》所記蕭牆周回「可二十里」大致吻合。〔註8〕皇城面積約為 8680 畝。

將微波浩淼的太液池納入皇城之中，是元大都城市規劃的一大特色，大內宮殿與隆福、興聖二宮在太液池兩岸鼎足而立，湖光山色與宮殿建築群交相輝映，相得益彰。宮城（即大內）在太液池東，偏在皇城的東部，南門為宮城正門崇天門，崇天門兩側為星拱、雲從二門。東、西、北三面各設一門，東曰東華門，西曰西華門，北曰厚載門。陶宗儀《南村輟耕錄》載：

> 宮城周回九里三十步。東西四百八十步。南北六百十五步。高
>
> 三十五尺。〔註9〕

《新元史》也有同樣的記載：

> 大都路。……宮城周回九里三十步，分六門。〔註10〕

宮城東西 480 步，南北 615 步，宮城周回 2190 步。按 1 元里 240 步計，恰為 9 里 30 步。宮城面積 295200 平方步，合 1230 畝。

據考古勘查，「宮城的南門（崇天門），約在今故宮太和殿的位置；北門（厚載門）在今景山公園少年宮前，它的夯土基礎已經發現。東、西兩垣約在今故宮的東、西兩垣附近。」〔註11〕從今日北京地圖量得，宮城基址東西寬度 765 米，南北長度 975 米。按 1 元尺合 0.315 米計，宮城東西 486 步，南北 619 步，與文獻記載基本符合。

在元大都城市平面上繪出 44 步×50 步的平格網，可以看到，皇城南、

〔註6〕 中國科學院考古研究所、北京市文物管理處元大都考古隊《元大都的勘查和發掘》，《考古》1972 年第 1 期，21 頁。

〔註7〕 《南村輟耕錄》：「里二百四十步」，卷 21，宮闕制度，250 頁。

〔註8〕 《故宮遺錄》，73 頁。

〔註9〕 《南村輟耕錄》，卷二十一，宮闕制度，250 頁。

〔註10〕 《新元史》，卷 46，志第 13，地理一，232 頁，中國書店，1988 年。

〔註11〕 《元大都的勘查和發掘》，《考古》1972 年第 1 期，21 頁。

北垣均落在平格網線上，而東、西垣都在平格中線的位置，皇城東西方向占
35 個平格，南北方向占 27 個平格；宮城南、北垣都在平格中線位置，東、
西垣在平格 1／4 的位置，宮城東西方向占 10.5 個平格，南北方向占 12 個平
格。（圖 3.1）

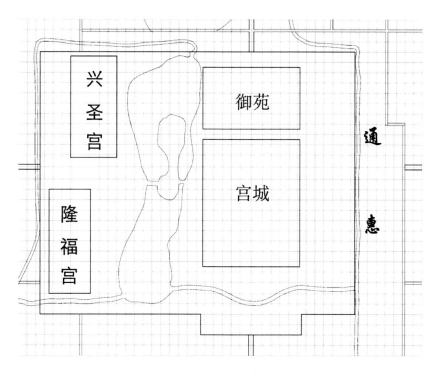

圖 3.1　元大都皇城宮城與城市平格網關係

皇城東西方向的寬度為 35 個平格的寬度與麗正門內大街及順承門、麗正
門間小街寬度之和，即 35×44＋24＋12＝1576 步。皇城南北方向的長度為 27
個平格的長度與齊化門內大街及齊化門、大都南垣間小街寬度之和，由於齊
化門內大街及齊化門、大都南垣間小街南北兩側的平格長度為 47 步，故皇城
南北方向的長度為 27×50＋24＋12－3×4＝1374 步。由大都城市平格網計算
出的皇城東西 1576 步、南北 1374 步，與考古勘查的結果完全一致。

宮城東西方向的寬度為 10.5 個平格的寬度與麗正門內大街寬度之和，即
10.5×44＋24＝486 步，南北方向的長度為 12 個平格的長度與齊化門內大街
寬度之和，即 12×50＋24－3×2＝618 步。宮城東西 486 步、南北 618 步，
與《輟耕錄》所載「東西四百八十步，南北六百十五步」非常接近，與實測

結果完全符合。

　　由此可見，元大都皇城、宮城的基址規模均受 11 步×12.5 步的細化的大都城市平格網控制，周垣的位置與細化的平格網網線一致。

3.2　皇城與宮城的規制沿革

　　元大都皇城周回「可二十里」，宮城周回九里三十步，基址面積 1230 畝，這一規模與宋、金、明都城制度間是否存在沿襲關係，下文通過比較加以分析。

　　關於北宋東京皇城、宮城的規模，說法不一。〔註 12〕《宋史‧地理志》載東京「宮城周回五里」，〔註 13〕考古工作者二十世紀八十年代在開封龍湖亭附近探出一處宋城遺址，「呈一東西短、南北長的長方形，四牆總長約 2500 米」，〔註 14〕2500 米接近宋之五里，此處遺址應為北宋東京宮城，可見北宋東京宮城的規模是比較小的。《宋史》中無皇城規模的記載，元初話本《大宋宣和遺事》曰：「宣童貫、蔡京值好景良辰，命高俅、楊戩向九里十三步之皇城無日不歌歡作樂」，明言北宋東京皇城周回九里十三步。據《宋會要輯稿》記載，「舊城周回二十里一百五十五步，即唐汴州城」，〔註 15〕「舊城」即東京內城。宋代一里為 360 步，一步五尺，按宋營造尺每尺 0.3091 米計，內城周回 11363 米，與考古實測內城「四牆共長二十五華里左右」較為接近。〔註 16〕（圖 3.2）

　　北宋西京洛陽在隋唐五代都城的基礎上建造，宮城的規模是比較大的。《宋史》記西京「宮城周回九里三百步」，〔註 17〕「皇城周回十八里二百五十八步」，〔註 18〕通過比較可以看出，北宋西京宮城的規模略大於東京皇城，而皇城的規模接近東京的內城，都在二十里左右。

〔註 12〕張勁認為北宋東京不存在宮城，皇城周回七里，見張勁《開封歷代皇宮沿革與北宋皇城範圍新考》，《史學月刊》，2002 年第 7 期。劉春迎則認為：「北宋末年，隨著原皇城北部『延福五位』、『延福六位』等宮苑的修建，再加上大內之南門宣德門遠離皇城的南牆，使這時的皇城基本上已達到九里十三步的規模」，《北宋東京城研究》，222～223 頁，科學出版社，2004 年。

〔註 13〕《宋史》，卷八十五，志第三十八，地理一，2097 頁。

〔註 14〕丘剛《北宋東京三城的營建和發展》，《中原文物》，1990 年第 4 期，37 頁。

〔註 15〕《宋會要輯稿》，方域一。

〔註 16〕《北宋東京三城的營建和發展》，《中原文物》，1990 年第 4 期，36 頁。

〔註 17〕《宋史》，卷 85，志第 38，地理一，2103 頁。

〔註 18〕《宋史》，卷 85，志第 38，地理一，2104 頁。

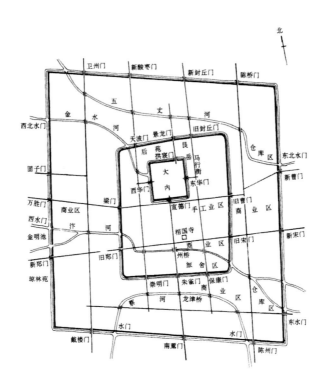

圖 3.2　北宋東京平面圖（引自潘谷西主編《中國古代建築史》）

　　金中都營建前，海陵王完顏亮「遣畫工寫京師宮室制度、闊狹修短，盡以受之左相張浩輩，按圖修之」，〔註19〕金中都的宮室規模皆襲自北宋東京。金中都之宮城規模，《金史》闕載，僅見於清人筆記，如福格《聽雨叢談》云：

　　　　內城之地，九里三十步。〔註20〕

清人震鈞《天咫偶聞》轉引《大金國志》：

　　　　《大金國志》：宮城四周，九里三十步。〔註21〕

金沿宋制，一里合 360 步。以宋代每步 1.55 米計，則金中都宮城周回為（9×360＋30）步×1.55 米／步＝5068.5 米。于傑、于光度在《金中都》一書中利用文獻材料，結合考古發現，對金中都皇城、宮城的平面布局進行復原（圖3.3）。〔註22〕書中所繪「金中都城圖」以民國時期北京城圖為底圖，將其與今

〔註19〕　《金圖經》，轉引自《日下舊聞考》，卷二十九，宮室，409 頁。
〔註20〕　福格《聽雨叢談》，卷 5，「京城建置里數」節，127 頁，中華書局，1984 年。
〔註21〕　震鈞《天咫偶聞》，卷 10，「瑣記」，220 頁，北京古籍出版社，1982 年。引自《大金國志》，卷 33，「燕京制度」節，470～471 頁，中華書局，1986 年。
〔註22〕　參見于傑、于光度《金中都》，北京出版社，1989 年。

日北京地圖對照可以發現，今宣武區青年湖是金中都魚藻池的遺存，廣安門外南街與鴨子橋路一線爲金中都宮城南北軸線。金中都宮城北垣在廣安門外大街以南的位置，南垣在菜戶營西街以北的位置，東垣在廣安門南街以東，西垣在廣安門車站西街。從今日北京地圖上量得，金中都宮城南北方向長度爲 1640 米，東西方向寬度爲 885 米，宮城總長度爲 5050 米，與文獻所載宮城周回「九里三十步」相符。〔註 23〕根據「金中都皇城宮城復原示意圖」中皇城與宮城周長的比例關係，可以推算出金中都皇城周回 9797 米，相當於金代 17.55 里。

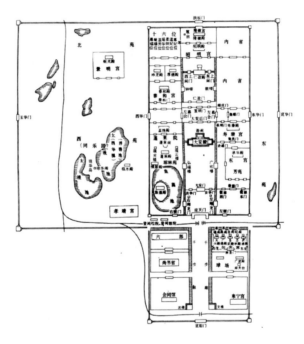

圖 3.3　金中都平面圖（引自于傑、于光度《金中都》）

值得注意的是，北宋西京洛陽宮城周回「九里三百步」，金中都宮城周回「九里三十步」，元大都宮城周回「九里三十步」。北宋西京皇城周回「十八里二百五十八步」，金中都皇城周回 17.55 里，都在 20 里左右，元大都皇城周回同樣「可二十里」。而北宋東京皇城周回「九里十三步」，內城周回「二十里一百五十五步」。元大都宮城、皇城的周回長度與北宋西京、金中都的宮城、

<hr>

〔註23〕楊寬認爲「九里三十步」包括宮城與皇城兩者範圍在內（《中國古代都城制度史研究》，461～462 頁，上海人民出版社，2003 年），尚待進一步商榷。

皇城尺度非常接近，〔註24〕與北宋東京的皇城、內城尺度大致相同。可以說明，元大都建造宮城、皇城受宋、金舊儀的影響，只是北宋東京宮室規模較為狹促，與元初強盛的國勢並不相稱，故將東京皇城、內城的尺度作為大都城宮城、皇城的周回長度。

明初洪武二年（1369）九月於臨濠府營建中都，次年始成，據《明史·地理志》載：

> （中都城）周五十里四百三十步。立門九……中為皇城，周九里三十步，正南門曰午門，北曰玄城，東曰東華，西曰西華。〔註25〕

《鳳陽新書》有類似的記載：

> 宮闕皇城一座，在外城之正中，洪武五年築。磚石修壘，高二丈，周回九里三十步。開四門，磚券：承天門，正南；東安門，正東；西安門，正西；北安門，正北。……裏城一座，周六里，高二丈五尺，上有女牆。開四門，有子城，無樓：午門，正南，左右闕門，午門東西；東華門，正東；西華門，正西；玄武門，正北。〔註26〕

《明史·地理志》中記載的「皇城」，南門午門，北為玄城（武）門，東為東華門，西為西華門，應指宮城而言，即中都宮城周回九里三十步。〔註27〕《鳳陽新書》中「裏城」指宮城，周回六里，皇城周回九里三十步，與《明史》的記載並不一致。（圖 3.4）

中都宮城的周長，三次實測的數據分別為 3702 米、3810 米、3680 米。〔註28〕按明代營造里每里 572.4 米計，分別折合為 6.48 里、6.66 里、6.43 里，與《鳳陽新書》的記載基本吻合。而若按元里折算，則分別合 9.79 里、10.08 里、9.74

〔註24〕 元大都宮城與北宋西京、金中都宮城周回長度接近，但由於元代里步關係的變化，1 里相當於 240 步，金與北宋 1 里則合 360 步，因而元大都宮城的基址規模小於北宋西京與金中都的宮城規模。

〔註25〕 《明史》，卷四十，志第十六，地理一，912 頁。

〔註26〕 《鳳陽新書》，卷 3／8a，轉引自王劍英《明中都研究》，第 86 頁，中國青年出版社，2005 年；同樣的記載見於清顧炎武《肇域志（南畿）稿》，卷 4／13b～14a。

〔註27〕 除《明史·地理志》外，康熙《鳳陽府志》與《嘉慶一統志》等，均作「周九里三十步」。

〔註28〕 中都宮城周長實測數據分別採自 19601～1962 年蚌埠市城建局測圖、鳳陽縣檔案館存《鳳陽明皇城平面圖》以及 1975 年 1 月鳳陽縣建設局所測《明中都紫禁城遺址實測圖》，轉引自《明中都研究》，290 頁，書中所謂「中都皇城」實際指宮城。

里，與《明史‧地理志》所云「九里三十步」大致相當。

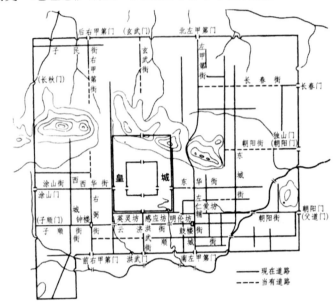

圖 3.4　明中都平面圖

　　據王貴祥的研究，「明初建鳳陽中都城時，很可能還在沿用元代的里步規則。……《明史》所說中都宮城周回 9 里 30 步，正是按最初設計之元代里數而記載的，而明人袁文新的《鳳陽新書》成書於明天啓元年，其所記中都里步當按明代規則記錄，正可折合爲 6 里左右。但他仍知道初建時曾採用『周九里三十步』的規制，故將這一長度歸之於中都『皇城』，而將中都宮城的周回長度按當時實測的長度，即約 6 里左右記錄在書中」。〔註29〕通過實測數據可以證明，這一論斷應是正確的。

　　中都皇城呈長方形，經實測，「禁垣南城埂長 1680 米，承天門東西兩段，各爲 840 米。禁垣北城埂西段，以大道爲城基，則短少 10 米。禁垣東西城埂各長 2160 米，東、西安門南爲 630 米，北爲 1530 米。中都皇城禁垣周長 7670 米」。〔註30〕若按明里折算，中都皇城周回合 13.4 里，而按元里計算則合 20.29 里，皆與《鳳陽新書》所記皇城「周回九里三十步」不符。可以推斷袁文新作《鳳陽新書》時只對中都宮城進行過踏勘，未對皇城作過實測，而將口耳

〔註29〕王貴祥《關於中國古代宮殿建築群基址規模問題的探討》，《故宮博物院院刊》，2005 年第 5 期，77～78 頁。
〔註30〕《明中都研究》，254 頁。

相傳的「九里三十步」的數字作爲皇城的周回尺度。〔註31〕皇城周回按元里折算合 20.29 里，與元大都皇城「可二十里」同，說明明中都皇城同樣是按元大都皇城的里數設計的。

洪武八年（1375）四月，中都宮殿罷建，數月後朱元璋詔改南京大內宮殿，將洪武六年（1373）修築的內城改爲皇城。經過兩年時間「改作大內宮殿成」，「制度皆如舊，而稍加增益，規模益弘壯矣」，〔註32〕南京宮殿的規模應比中都略大。《明史》對南京宮城、皇城的規模語焉不詳，《明太祖實錄》載：

（洪武六年六月）修築京師城……內城周二千五百七十一丈九

尺，爲步五千一百四十三，爲里十有四。〔註33〕

「內城」即指皇城，從周回 5143 步約合 14 里可以看出，皇城的周回長度是按明代里步規則記錄的，規模比明中都皇城略大。

明南京宮城的規模，不見於史籍記載。經考古勘查，「南京紫禁城城壕遺址內側，東西相距約 859 米，自午門內側至北濠南北相距 807 米」。〔註34〕由明洪武《京城圖志》所繪南京皇城宮城圖中可以看到，明南京午門是凹入宮城內側的，明南京宮城南北方向長度應爲午門內側至北濠的長度與午門南北方向長度之和。南京午門的長度若以北京故宮午門南北長度 120 米計，則明南京宮城南北方向長度應爲 927 米，周回長度爲 3572 米，約合明之 6.24 里，相當於元之 9.45 里。

明北京故宮規模承繼南京，據《明史・地理志》記載：

宮城周六里一十六步，亦日紫禁城。門八……宮城之外爲皇

城，周一十八里有奇。〔註35〕

最早記載明北京規制的《明會典》云：「皇城起大明門，長安左右門，歷東安、西安、北安山門。周圍三千二百二十五丈九尺四寸」，宮城「南北各二百三十

〔註31〕 王劍英對《鳳陽新書》中皇城「周回九里三十步」的記載提出質疑，認爲「袁文新等修纂〈鳳陽新書〉時，並沒有經過丈量，而是誤把〈中都志〉裏記載的臨淮舊城』周九里三十步」當成了中都禁垣的長度」，參見《明中都研究》，254～255 頁。《肇域志南畿稿》、康熙《鳳陽府志》、乾隆《鳳陽縣志》、《嘉慶一統志》都沿襲《鳳陽新書》的這一說法，未予更正。

〔註32〕 《明太祖實錄》，卷 115。

〔註33〕 《明太祖實錄》，卷 83。

〔註34〕 潘谷西、陳薇《明代南京宮殿與北京宮殿的形制關係》，《中國紫禁城學會論文集（第一輯）》，87 頁，紫禁城出版社，1997 年。

〔註35〕 《明史》，卷 40，志第 16，地理一，884 頁。

六丈二尺，東西各三百二丈九尺五寸」。〔註36〕皇城周回長度約合 17.92 里，
與《明史·地理志》的記載是一致的，比中都與南京故宮皇城都大。明北京
故宮呈南北略長的長方形，《明會典》所記宮城東西與南北方向的長度可能顛
倒，據此計算可得宮城周回約合 6 里，符合《明史·地理志》的記載，與明
中都及南京故宮宮城規模是一致的。如折算爲元里，則明北京故宮皇城周回
約 27.1 里，宮城周回 9.1 里，宮城周回長度與元大都基本相同，皇城周回長
度略大。

再折合成面積，北京故宮以東西 236.2 丈、南北 302.95 丈計，其面積爲
1192.6 畝。南京故宮按實測數據計算，面積約爲 1206 畝。〔註37〕這一基址規
模，與元大都宮城 1230 畝很可能存在著規制上的聯繫。

綜上所述，元大都宮城、皇城的周回尺度在數值上與北宋西京、金中都
是一致的，皇城周回「二十里」、宮城周回「九里三十步」可能成爲都城營建
的普遍規制，具有象徵性的意義。但由於元代里步關係的變化，元大都宮城、
皇城的規模較宋西京、金中都小。明中都的營建採用元代的里步規則，宮城、
皇城周回沿襲元大都的「九里三十步」與「二十里」之制，折合爲明代的尺
度分別爲 6 里與 14 里。明南京宮城、皇城規模沿用明中都，明北京沿用明南
京，宮城、皇城規模分別都在 6 里與 14 里左右，雖然數字上與元大都所用的
「九里三十步」、「二十里」不同，但周回實際長度卻與元大都相近，基址規
模也與元大都一致。由此可見，元大都宮城與皇城的規制，上承宋、金，下
啓明、清，在我國古代都城建設史上佔有舉足輕重的地位。

3.3　大內宮殿

元大都宮城主要建築分爲南北兩部分。南以大明殿爲主體，北以延春閣
爲主體。宮城平面布局的記載，主要見於《南村輟耕錄》、《故宮遺錄》及《馬
可波羅行紀》。《南村輟耕錄》（以下簡稱《輟耕錄》）卷 21「宮闕制度」錄自
元《經世大典》，屬天曆二年（1329）左右元大都宮殿建築的官方記錄，是翔

〔註36〕萬曆《大明會典》，卷 187。
〔註37〕南京故宮以其南北長約 907 米，東西寬約 819 米（除去城壕與宮牆的間距）
　　　　計算，合爲 1216.6 畝，略大於北京故宮的基址面積，若再減去宮殿前之午門
　　　　四入的面積（以北京故宮午門廣場長寬約爲 85 米與 70 米計，合約 10 明畝），
　　　　其面積也恰在 1206 畝。參見王貴祥《關於中國古代宮殿建築群基址規模問題
　　　　的探討》，《故宮博物院院刊》，2005 年第 5 期，77 頁。

實可信的。蕭洵《故宮遺錄》記載的是元末明初易代之際的宮殿情況，書中頗有與《輟耕錄》不一致的地方，其中一些屬蕭洵對元宮名稱的誤讀，通過二書對勘，仍可看出元代中葉以後四十年間元宮增改情況。

《輟耕錄》載宮城布局：

> 大內南臨麗正門。正衙曰大明殿。曰延春閣。宮城周回九里三十步。東西四百八十步。南北六百十五步。高三十五尺。磚甃。至元八年八月十七日申時動工。明年三月十五日即工。分六門。正南曰崇天。十一間。五門。東西一百八十七尺。深五十五尺。高八十五尺。左右垛樓二。垛樓登門兩斜廡。十門。闕上兩觀皆三垛樓。連垛樓東西廡。各五間。西垛樓之西。有塗金銅幡竿。附宮城南面。有宿衛直廬。凡諸宮門。皆金鋪、朱戶、丹楹、藻繪、彤壁、琉璃瓦飾簷脊。崇天之左曰星拱。三間。一門。東西五十五尺。深四十五尺。高五十尺。崇天之右曰雲從。制度如星拱。東曰東華。七間。三門。東西一百十尺。深四十五尺。高八十尺。西曰西華。制度如東華。北曰厚載。五間。一門。東西八十七尺。深高如西華。角樓四。據宮城之四隅。皆三垛樓。琉璃瓦飾簷脊。

> 直崇天門有白玉石橋三虹。上分三道。中爲御道。鐫百花蟠龍。星拱南有御膳亭。亭東有拱辰堂。蓋百官會集之所。東南角樓。東差北有生料庫。庫東爲柴場。夾垣東北隅有羊圈。西南角樓。南紅門外。留守司在焉。西華南有儀鸞局。西有鷹房。厚載北爲御苑。外周垣紅門十有五。內苑紅門五。御苑紅門四。此兩垣之內也。〔註38〕

大內宮殿在皇城的東部，宮城的南垣有三門，正門曰崇天門，〔註39〕左右分別爲星拱門和雲從門。西垣有西華門，東垣有東華門，北垣有厚載門，宮城四角有四座角樓。宮城周圍有御膳亭、拱辰堂、留守司、儀鸞局、宿衛直廬及生料庫、柴場、羊圈、鷹房等附屬建築。馬可・波羅在其行紀中對大都宮城有如下描述：

> 周圍有一大方牆，寬廣各有一哩。質言之，周圍共有四哩。此牆廣大，高有十步，周圍白色，有女牆。此牆四角各有大宮一所，甚富麗，貯藏君主之戰具於其中，如弓、箙、弦、鞍、彎、及一切

〔註38〕《南村輟耕錄》，卷二十一，宮闕制度，250～251 頁。
〔註39〕崇天門亦稱午門，見《故宮遺錄》，73 頁。

軍中必須之物是已。四角四宮之間，復各有一宮，其形相類。由是
圍牆共有八宮室甚大，其中滿貯大汗戰具。但每宮僅貯戰具一種，
此宮滿貯戰弓，彼宮則滿貯馬彎，由是每宮各貯戰具具一種。

此牆南面闢五門，中間一門除戰時兵馬甲仗由此而出外，從來
不開。中門兩旁各闢二門，共為五門。中間最大，行人皆由兩旁較
小之四門出入。此四門並不相接，兩門在牆之兩角，面南向。餘二
門在大門之兩側，如是布置，確使此大門居南牆之中。〔註40〕

從這段記載可以看出，宮城城牆為白色，上有女牆。宮城四角的大宮即角樓，
貯藏大汗之戰具。四角四宮之間「各有一宮」，當指宮城周垣崇天、厚載、東
華、西華門上的門樓。宮城南垣共五門，崇天門居中，星拱、雲從二門在崇
天門兩側，南垣兩端各設一門。

崇天門是宮城的正門，專供皇帝出入，平日很少開放，文武百官由崇天
門兩側的四門出入。元代來大都城應試的進士，皆居麗正門外，〔註41〕每年
春季發榜謝恩的儀式在崇天門外舉行，「三月吉日當十三，紫霧氤氳闈闈南。
天子龍飛坐霄漢，儒生鵠立耀冠參」。〔註42〕崇天門南二十步左右是金水河，
河上建三座白石橋，名為周橋。橋旁遍植高柳，「鬱鬱萬株」，〔註43〕元代詩
人薩都剌有「禁柳青青白玉橋」之句，〔註44〕描寫的就是這裡的景色。崇天
門向北約數十步就是大內前宮的正門大明門。

元大都宮城內有南北兩組建築群，南以大明宮為主體，稱「大內前宮」，
北以延春閣為主體，稱「大內後宮」。〔註45〕《輟耕錄》載大內前宮的布局：

大明門在崇天門內。大明殿之正門也。七間。三門。東西一百
二十尺。深四十四尺。重簷。日精門在大明門左。月華門在大明門右。
皆三間。一門。大明殿乃登極正旦壽節會朝之正衙也。十一間。東西
二百尺。深一百二十尺。高九十尺。柱廊七間。深二百四十尺。廣四
十四尺。高五十尺。寢室五間。東西夾六間。後連香閣三間。東西一

〔註40〕 （法）沙海昂注、馮承鈞譯《馬可波羅行紀》，第 2 卷，第 83 章，大汗之宮
廷，323 頁，中華書局，2003 年。
〔註41〕 李孝光《晚出麗正門》，轉引自《人海詩區》，北京古籍出版社，1994 年 7 月。
〔註42〕 宋綗《崇天門唱名詩》，轉引自《日下舊聞考》，卷 30，宮室，431 頁。
〔註43〕 《故宮遺錄》，73 頁。
〔註44〕 薩都剌《丁卯及第謝恩崇天門詩》，轉引自《日下舊聞考》，卷 30，宮室，431 頁。
〔註45〕 （元）王士點《禁扁》，卷 5，四庫全書，468 冊，122 頁。

百四十尺。深五十尺。高七十尺。青石花礎。白玉石圓舄。文石甃地。上籍重裀。丹楹金飾。龍繞其上。四面朱瑣窗。藻井間金繪。飾燕石。重陛朱闌。塗金銅飛雕冒。中設七寶雲龍御榻。白蓋金縷褥。並設后位。諸王百僚怯薛官侍宴坐床。重列左右。前置燈漏。貯水運機。小偶人當時刻捧牌而出。木質銀裹漆甕一。金雲龍蜿繞之。高一丈七尺。貯酒可五十餘石。雕象酒卓一。長八尺。闊七尺二寸。玉甕一。玉編磬一。巨笙一。玉笙、玉箜篌咸備於前。前懸繡緣朱簾。至冬月。大殿則黃貂皮壁幛。黑貂褥。香閣則銀鼠皮壁幛。黑貂暖帳。凡諸宮殿乘輿所臨御者。皆丹楹、朱瑣窗。間金藻繪。設御榻。裀褥咸備。屋之簷脊皆飾琉璃瓦。文思殿在大明寢殿東。三間。前後軒。東西三十五尺。深七十二尺。紫檀殿在大明寢殿西。制度如文思。皆以紫檀香木爲之。縷花龍涎香。間白玉飾壁。草色髹綠。其皮爲地衣。寶雲殿在寢殿後。五間。東西五十六尺。深六十三尺。高三十尺。鳳儀門在東廡中。三間一門。東西一百尺。深六十尺。高如其深。門之外有庖人之室。稍南有酒人之室。麟瑞門在西廡中。制度如鳳儀門。門之外有內藏庫二十七所。所爲七間。鐘樓。又名文樓。在鳳儀南。鼓樓。又名武樓。在麟瑞南。皆五間。高七十五尺。嘉慶門在後廡寶雲殿東。景福門在後廡寶雲殿西。皆三間一門。周廡一百二十間。高三十五尺。四隅角樓四間。重簷。凡諸宮周廡。並用丹楹、彤壁、藻繪、琉璃瓦飾簷脊。〔註46〕

《馬可波羅行紀》對大內前宮也有記載：

此牆之內，圍牆南部中，廣延一里，別有一牆，其長度逾於寬度。此牆周圍亦有八宮，與外牆八宮相類。其中亦貯君主戰具。南面亦闢五門，與外牆同。亦於每角各闢一門，此二牆之中央，爲君主大宮所在，其布置之法如下。

君等應知此宮之大，向所未見。宮上無樓，建於平地。唯臺基高出地面十掌。宮頂甚高，宮牆及房壁滿塗金銀，並繪龍、獸、鳥、騎士、形象，及其他數物於其上。屋頂之天花板，亦除金銀及繪畫外別無他物。

〔註46〕《南村輟耕錄》，卷二十一，宮闕制度，251～252 頁，中華書局，1959 年。

大殿寬廣，足容六千人聚食而有餘，房屋之多，可謂奇觀。此宮壯麗富贍，世人布置之良，誠無逾於此者。頂上之瓦，皆紅黃綠藍及其他諸色。上塗以釉，光澤燦爛。猶如水晶。〔註47〕

大內前宮在宮城南部中央，周圍繞以圍牆。中軸線上依次布置大明門、大明殿、柱廊、寢殿、香閣與寶雲殿，軸線兩側有紫檀、文思二殿。大明殿是大內前宮的主殿，東西二百尺，深一百二十尺，高九十尺，規模宏偉，皇帝登極、壽節、朝會等重大儀式都在此舉行。殿基高十餘尺，殿陛三重，「繞置龍鳳白石闌」。〔註48〕殿內並設帝后御榻，帝后共同臨朝，是與中原王朝不同的制度。御榻前置燈漏與酒甕，酒甕高一丈七尺，可貯五十石酒，「中使巡觴宣大旨，盡教滿酌大金鐘」。〔註49〕朝會時有御酒之賜，體現著蒙古族生活習俗。忽必烈為使子孫不忘草原與創業之艱，在殿前移植大漠莎草，名「誓儉草」，「數尺闌干護青草，丹墀留與子孫看」。〔註50〕

大明殿後通過七間的柱廊與寢殿相連，為工字殿的建築形式。寢殿又稱弩頭殿，〔註51〕東西各出三間夾室，後連三間的香閣。寢殿前東西相向為文思、紫檀二殿，〔註52〕皆為「三間、前後軒」的形式，寢殿後是五間的寶雲殿。大明、文思、紫檀、寶雲四殿屬大內前位宮殿，四周以 120 間的柱廊圍繞，柱廊內為妃嬪的住所。〔註53〕柱廊四角設四座重簷角樓，形成一獨立的院落。

大明殿建築組群以北是大內後宮延春閣組群，《輟耕錄》載：

延春門在寶雲殿後，延春閣之正門也。五間三門。東西七十七尺。重簷。懿範門在延春左。嘉則門在延春右。皆三間。一門。延

〔註47〕《馬可波羅行紀》，第 2 卷，第 83 章，大汗之宮廷，323～324 頁。

〔註48〕《故宮遺錄》，67 頁。

〔註49〕張昱《張光弼詩集》，轉引自《人海詩區》，84 頁。

〔註50〕《玉山雅集》，轉引自《人海詩區》，85 頁。《草木子》：「元世祖皇帝思太祖創業艱難，俾取所居之地青草一株，置於大內丹墀之前，謂之誓儉草」，卷 4 上，談藪篇。

〔註51〕《故宮遺錄》：「障後即寢宮，深止十尺，俗呼為弩頭殿」，67 頁。

〔註52〕《輟耕錄》載文思、紫檀二殿在大明殿後寢殿東西兩側，《故宮遺錄》卻將二殿記在延春閣後。《禁扁》云：「大明。紫檀。西。文思。東。寶雲。北。四殿大內前位」，卷 2，四庫全書本，468 冊，67 頁，可證紫檀、文思二殿應在大明殿後。參見《日下舊聞考》，卷 30，宮室，444 頁。

〔註53〕《故宮遺錄》：「宮後連抱長廡，以通前門，前繞金紅闌檻，畫列花卉，以處妃嬪」，74 頁。

春閣九間。東西一百五十尺。深九十尺。高一百尺。三簷重屋。柱
廊七間。廣四十五尺。深一百四十尺。高五十尺。寢殿七間。東西
夾四間。後香閣一間。東西一百四十尺。深七十五尺。高如其深。
重簷。文石甃地。藉花毳裀。簷帷咸備。白玉石重陞。朱闌。銅冒。
楯塗金雕翔其上。閣上御榻二。柱廊中設小山屏床。皆楠木爲之。
而飾以金。寢殿楠木御榻。東夾紫檀御榻。壁皆張素畫。飛龍舞鳳。
西夾事佛像。香閣楠木寢床。金縷褥。黑貂壁幛。慈福殿又曰東暖
殿。在寢殿東。三間。前後軒。東西三十五尺。深七十二尺。明仁
殿又曰西暖殿。在寢殿西。制度如慈福。景耀門在左廡中。三間一門。
高三十尺。清灝門在右廡中。制度如景耀。鐘樓在景耀南。鼓樓在清
灝南。各高七十五尺。周廡一百七十二間。四隅角樓四間。〔註54〕

大內後宮的布局形式與前宮大致相同，〔註55〕中軸線上分別布置延春門、延
春閣、寢殿、香閣。延春閣與寢殿間通過七間柱廊相連，同樣爲工字殿的形
式。《故宮遺錄》載：「（延春閣）又後爲清寧宮」，《大都宮殿考》亦云「延春
宮後爲清寧宮」〔註56〕，可知清寧宮位於中軸線上寢殿、香閣之後。〔註57〕
宮殿四周繞以 172 間柱廊，四角設四座角樓。柱廊間數較大內前宮多 52 間，
推測東西廡的長度比大內前宮略長。

　　延春閣是大內後宮的主殿，爲「三簷重屋」的形式，底層名爲延春堂。〔註
58〕閣東西 150 尺，深 90 尺，高 100 尺。高出大明殿 10 尺，是皇城內最高的
建築。陛階由東隅而登，共分三折，「闌楯皆塗黃金龍雲，冒以丹青絹素」。〔註
59〕延春閣四周繞以金珠瑣窗，窗外繞護金紅欄杆，憑欄遠望，至爲雄傑。元

〔註54〕《南村輟耕錄》，卷二十一，宮闕制度，252 頁。
〔註55〕《故宮遺錄》：「（延春堂）門廡殿制，大略如前」，74 頁。
〔註56〕《大都宮殿考》，轉引自《日下舊聞考》，卷30，447 頁。
〔註57〕《禁扁》中有「咸寧」宮之名，謂在延春閣後，而載清寧宮爲上都殿名。卷2，
四庫全書本，468 冊，67 頁。《南村輟耕錄》載：「至正二年壬午春三月十有
四日，上御咸寧殿」，卷3，正統辨，32 頁。元代慣例皇帝每年四月巡幸上都，
「春三月」仍在大都，據此咸寧殿應爲大都宮殿。《析津志》記「遊皇城」則
云：「自東華門內，經十一室皇后斡耳朵前，轉首清寧殿後，出厚載門外」，《析
津志輯佚》，歲紀，216 頁，可知延春閣後之殿名爲「清寧」。何者爲是，尚待
進一步考證。
〔註58〕《故宮遺錄》：「（延春堂）其上爲延春閣」，74 頁。
〔註59〕《故宮遺錄》，74 頁。

代諸帝常在延春閣內舉行佛事活動，有時也在此賜宴群臣。〔註60〕延春閣後柱廊東、西分別為慈福、明仁兩座暖殿，〔註61〕皆「三間，前後軒」的形式。皇帝常於萬機之暇在明仁殿內聽儒臣侍講，元代儒臣貢師泰在詩中描述明仁殿講讀，「聖主從容聽講罷，許教留在御床邊。殿前冠佩儼成行，玉椀金瓶進早湯。自愧平生飯藜藿，朝來得食大官羊。黃金為帶玉為簪，劍戟如林衛紫髯」。〔註62〕

清寧宮在寢殿後，規模較小，《故宮遺錄》載：

> 宮後引抱長廡，遠連延春宮，其中皆以處嬖幸也。外護金紅闌檻，各植花卉異石。又後重繞長廡，前虛御道，再護雕闌，又以處嬪嬙也。〔註63〕

清寧宮兩側柱廊遠接延春宮，宮後「重繞長廡」即大內後宮北側的柱廊，柱廊外為宮城北門厚載門。厚載門上建高閣，前設舞臺，「環以飛橋」，「回闌引翼」，〔註64〕十六天魔舞就是在此表演，「西方舞女即天人，玉手曇花滿把青。舞唱天魔供奉曲，君王常在月宮聽」。〔註65〕厚載門外即海子，市人過此聞絲竹之聲，「如在霄漢」。〔註66〕舞臺之東百步有觀星臺，臺旁植雪柳萬株，甚為雅致。舞臺西為內浴室，前有小殿。

清灝門在大內後宮右廡中，外有一組以玉德殿為中心的建築群：

> 玉德殿在清灝外。七間。東西一百尺深四十九尺。高四十尺。飾以白玉。甃以文石。中設佛像。東香殿在玉德殿東。西香殿在玉德殿西。宸慶殿在玉德殿後。九間。東西一百三十尺。深四十尺。高如其深。中設御榻。簾帷裀褥咸備。前列朱闌。左右闢二紅門。

〔註60〕《元史》：「（泰定元年九月）丙子，命帝師作佛事於延春閣」，卷29，本紀第29，泰定帝一，651頁。《元史》：「（天曆元年）命高昌僧作佛事於延春閣」，卷32，本紀第32，文宗一，711頁。《元史》：「（元統三年）帝宴大臣於延春閣」，卷144，列傳第31，答里麻傳，3433頁。

〔註61〕《故宮遺錄》謂延春閣後柱廊東西有文思、紫檀二殿，實為慈福、明仁之誤。《輟耕錄》云慈福、明仁二殿分別在寢殿東西，與《故宮遺錄》對照，推測二殿在延春閣後柱廊兩側，寢殿東南、西南的位置，《輟耕錄》中所謂東、西並非正東、正西。

〔註62〕貢師泰《明仁殿進講》，轉引自《日下舊聞考》，卷30，宮室，446頁。

〔註63〕《故宮遺錄》，74頁。

〔註64〕《故宮遺錄》，74頁。

〔註65〕張昱《輦下曲》，《可閒老人集》，卷2，四庫全書本，1222冊，543頁。

〔註66〕《故宮遺錄》，74頁。

後山字門三間。東更衣殿在宸慶殿東。五間。高三十尺。西更衣殿在宸慶殿西。制度如東殿。〔註67〕

根據這段記載，玉德殿組群應是一處封閉的院落。宸慶殿左右闢二紅門，後爲山字門，推測這一院落應自北門入。《元史‧祭祀志》記載元代「遊皇城」的過程，其中提到諸儀衛隊「入厚載紅門，由東華門過延春門而西，帝及后妃公主，於玉德殿門外，搭金脊吾殿彩樓而觀覽焉。及諸隊仗社直送金傘環宮，復恭置御榻上」，〔註68〕「遊皇城」路線的終點是大明殿，而玉德殿在由東華門經延春門至大明殿的路線上，推測其位置應在清灝門以南。〔註69〕

《故宮遺錄》謂玉德殿「又東爲宣文殿，旁有秘密堂」，〔註70〕宣文殿、秘密堂在《輟耕錄》中沒有記載，當爲元代後期增建。《環谷集》載：「至正元年，製作宣文閣於大明殿之西北」，〔註71〕汪克寬《宣文閣賦》云：「建傑閣乎中霄，屹大明之西北。揭宣文之嘉名，示弘摹於萬億」，〔註72〕宣文閣建於至正元年（1341），在大明殿西北玉德殿東側，順帝常來此閱覽經史、聽儒臣講讀。宣文閣旁的秘密室，是順帝修演撲兒法的地方，唯受秘密戒者得入，「似將慧日破愚昏，白晝如常下釣軒。男女傾城求受戒，法中密旨不能言」。〔註73〕

《析津志輯佚‧歲紀》中有一段關於先帝斡耳朵的記載：

火室房子，即累朝老皇后傳下官分者，先起本位，下官從行。國言火室者，謂如世祖皇帝以次俱承襲皇后職位，奉官祭管一斡耳朵怯薛女孩兒，關請歲給不闕。此十一宮在東華門內向北，延春閣東偏是也。〔註74〕

另有關於遊皇城路線的記載：

從歷大明殿下，仍回延春閣前蕭牆內交集。自東華門內，經十一室皇后斡耳朵前，轉首清寧殿後，出厚載門外。〔註75〕

〔註67〕《南村輟耕錄》，卷二十一，宮闕制度，252頁。
〔註68〕《元史》，卷77，志第27下，祭祀六，1927頁。
〔註69〕《故宮遺錄》：「（延春閣柱廊）後東有玉德殿」，謂玉德殿在延春閣東北方向。根據《元史》所載「遊皇城」的路線，可以確定玉德殿在延春門之西、清灝門外的位置，《故宮遺錄》此處記載有誤。
〔註70〕《故宮遺錄》，74頁。
〔註71〕《環谷集》，轉引自《日下舊聞考》，卷31，宮室，463頁。
〔註72〕《環谷集》，轉引自《日下舊聞考》，卷31，宮室，464頁。
〔註73〕《光弼集》，轉引自《人海詩區》，90頁。
〔註74〕《析津志輯佚》，歲紀，217～218頁。
〔註75〕《析津志輯佚》，歲紀，216頁。

對照這兩段記載可以看出，「十一宮」即「十一室皇后斡耳朵」，在宮城東北東華門以北、延春閣以東的位置，為后妃的居所。元廷提供給這些后妃優渥的物質條件，她們的一項重要職責就是從事祭祀活動。〔註 76〕「守宮妃子住東頭，供御衣糧不外求，牙仗穹廬護闌盾，禮遵佸服侍宸遊」。〔註 77〕

　　根據以上分析，繪出元大都大內宮殿平面復原圖。（圖 3.5）

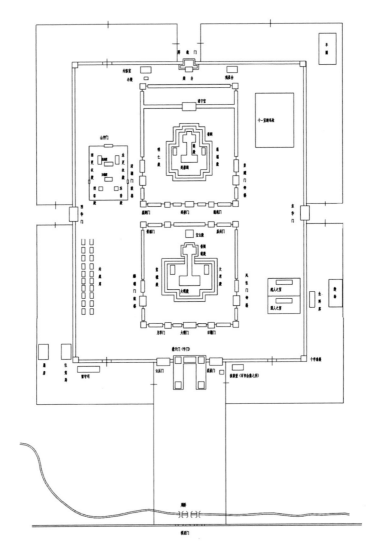

圖 3.5　元大內平面圖

〔註 76〕參見高榮盛《元代祭禮三題》，《南京大學學報》，2000 年第 6 期。

〔註 77〕張昱《輦下曲》，《可閒老人集》，卷 2，四庫全書本，1222 冊，545 頁。

3.4　興聖宮

3.4.1　興建沿革

　　興聖宮位於大內西北、太液池之西，是元武宗為其母興聖皇后答吉所建。《元史・后妃傳》載：「至大元年三月，帝為太后建興聖宮」，興聖宮始建於至大元年（1308），訖功於至大三年（1310）。

　　至大三年（1310）十月，武宗「率皇太子諸王群臣朝興聖宮，上皇太后尊號冊寶曰儀天興聖慈仁昭懿壽元皇太后」。〔註78〕武宗之朝，興聖宮為皇太后的居所，武宗居大內，時為皇太子的仁宗居隆福宮。仁宗即位後，興聖宮仍為皇太后居所。延祐七年（1320）仁宗崩，其子碩德八剌即位，三月「太皇太后受百官朝賀於興聖宮」，〔註79〕可知當時興聖太皇太后仍居興聖宮。英宗至治三年（1323）太皇太后崩，同年八月英宗遇弒，泰定帝即位。泰定帝之母早卒，故其在位期間興聖宮成為召見群臣議事、舉行典禮儀式之所，並增塑密宗佛像。如至治三年（1323）十二月，「塑馬哈吃剌佛像於延春（華）閣之徽清亭」等。〔註80〕泰定帝去世後，兩都之戰爆發，文宗圖帖睦爾在燕鐵木兒的支持下奪取政權，但畢竟和世瓎是海山的長子，需要以其名義謀求政權的合法性，遂敦請其兄和世瓎回大都即位。天曆二年（1329）和世瓎在和林即位，是為明宗，傚仿乃父兄終弟及的舊例，立文宗為皇太子。文宗在和世瓎「暴崩」之前一直住在興聖宮，〔註81〕興聖宮一度成為太子東宮，大內宮殿則虛位以待。寧宗朝時，興聖宮為文宗卜答失里皇后的居所。〔註82〕順帝嗣位後，後至元元年（1335）尊卜答失里皇太后為太皇太后，〔註83〕興聖宮又成為太皇太后居所。卜答失里崩後，興聖宮改作順帝寵妃第三皇后奇氏的住處，〔註84〕直至元亡。

〔註78〕《元史》，卷一一六，列傳第三，后妃二，2901 頁。

〔註79〕《元史》，卷二十七，本紀第二十七，英宗一，600 頁。

〔註80〕《元史》，卷二十九，本紀第二十九，泰定帝一，642 頁。據《南村輟耕錄》記載，徽清亭在延華閣後圓亭西，而延春閣為大內後殿，可知此處「延春閣」當為「延華閣」之誤。

〔註81〕《元史》，卷 31，本紀第 31，明宗本紀，701 頁。

〔註82〕《元史》：「（至順三年十一月戊寅）皇太后御興聖殿受朝賀」，卷 37，本紀第 37，寧宗本紀，813 頁。

〔註83〕《元史》，卷 38，本紀第 38，順帝一，830 頁。

〔註84〕《南村輟耕錄》：「第三皇后奇氏素有寵，居興聖西宮」，卷 26，后德，327 頁。

3.4.2 平面布局

《輟耕錄》對興聖宮之建築布局有較爲詳細的記載：

> 興聖宮在大內之西北。萬壽山之正西。周以磚垣。南闢紅門三。
> 東西紅門各一。北紅門一。南紅門外。兩傍附垣有宿衛直廬。凡四
> 十間。東西門外各三間。南門前夾垣內。有省院臺百司官侍直板屋。
> 北門外。有窨花室五間。東夾垣外。有宦人之室十七間。凌室六間。
> 酒房六間。南北西門外。基置衛士直宿之舍二十一所。所爲一間。
> 外夾垣東紅門三。直儀天殿吊橋。西紅門一。達徽政院。門內差北。
> 有盝頂房二。各三間。又北。有屋二所。各三間。差南。有庫一所。
> 及屋三間。北紅門外。有臨街門一所。三間。此夾垣之北門也。

興聖宮周圍繞以磚垣，共設六座紅門。建築組群中軸線上有兩組院落，前院
以興聖殿爲中心，後院以延華閣爲中心。《南村輟耕錄》載前院的布局：

> 興聖門。興聖殿之正門也。五間三門。重簷。東西七十四尺。
> 明華門在興聖門左。肅章門在興聖門右。各三間一門。興聖殿七間。
> 東西一百尺。深九十七尺。柱廊六間。深九十四尺。寢殿五間。兩
> 夾各三間。後香閣三間。深七十七尺。正殿四面。朱懸璅窗。文石
> 甃地。藉以氈裀。中設宸屏榻。張白蓋簾帷。皆錦繡爲之。諸王百
> 僚宿衛官侍宴坐床。重列左右。其柱廊寢殿。亦各設御榻。裀褥咸
> 備。白玉石重陛。朱闌。塗金冒楯。覆以白磁瓦。碧琉璃飾其簷脊。
> 弘慶門在東廡中。宣則門在西廡中。各三間一門。凝暉樓在弘慶南。
> 五間。東西六十七尺。延顥樓在宣則南。制度如凝暉。嘉德殿在寢
> 殿東。三間。前後軒各三間。重簷。寶慈殿在寢殿西。制度同嘉德。

可以看出，興聖殿組群的建築布局與大內前宮大致相同，軸線上依次布置興聖
門、興聖殿、柱廊與寢殿。興聖門是興聖殿的正門，五間三門。入興聖門正對
的就是興聖宮的主殿興聖殿，廣 100 尺，深 97 尺，兩重白玉石砌陛基，朱紅欄
杆，「丹墀皆萬年枝」。[註85]袁桷對興聖殿描述道：「旭日蒼龍，聳帝京之積翠；
層霄彩鳳，流阿閣之霏煙」。[註86]元帝常在殿內舉行佛事活動，[註87]有時

[註85] 《故宮遺錄》，76 頁。
[註86] 袁桷《興聖宮上梁文》，《清容居士集》，轉引自《日下舊聞考》，卷31，宮室，
454 頁。
[註87] 《元史》：「（致和元年三月）己卯，帝御興聖殿受無量壽佛戒於帝師」，卷30，
本紀第 30，泰定帝二，685 頁。

宴會也設在此。〔註88〕其後通過六間柱廊與寢殿相連，爲工字殿的平面形式，屋頂覆白磁瓦，簷脊用綠琉璃。寢殿東西分別爲嘉德、寶慈二殿，皆爲「三間、前後軒」的形式，殿內時作事活動。〔註89〕興聖殿組群北廡紅門北，爲延華閣建築組群的正門山字門。《南村輟耕錄》載：

> 山字門在興聖宮後。延華閣之正門也。正一間。兩夾各一間。重簷。一門。脊置金寶瓶。又獨腳門二。周閣以紅板垣。延華閣五間。方七十九尺二寸。重阿。十字脊。白琉璃瓦覆。青琉璃瓦飾其簷。脊立金寶瓶。單陛。御榻從臣坐床咸具。東西殿在延華閣西。左右各五間。前軒一間。圓亭在延華閣後。芳碧亭在延華閣後圓亭東。三間。重簷十字脊。覆以青琉璃瓦。飾以綠琉璃瓦。脊置金寶瓶。徽青亭在圓亭西。制度同芳碧亭。浴室在延華閣東南隅東殿後。傍有盝頂井亭二間。又有盝頂房三間。畏吾兒殿在延華閣右。六間。傍有窨花半屋八間。木香亭在畏吾兒殿後。

從這段記載可以看出，延華閣組群僅南垣設山門，中爲正門山字門，兩旁各有一獨角門。延華閣是這組建築群的主殿，爲方形平面，深、廣都是79.2尺，重簷十字脊。屋頂用白琉璃瓦，青琉璃瓦剪邊，「規制高爽」，〔註90〕與大內後宮延春閣相望。元帝時命西僧在閣內作佛事，如泰定二年（1325）二月「作燒壇佛事於延華閣」等。〔註91〕延華閣前有東西配殿，閣後並立三亭，中爲圓亭，東爲芳碧亭，西爲徽青亭。〔註92〕芳碧、徽青二亭皆重簷十字脊，青琉璃瓦綠剪邊，脊置金寶瓶。徽青亭內塑瑪哈嘎刺塑像一尊，爲元帝舉行佛事活動的場所。此外，還有浴室、盝頂井亭、盝頂房、畏吾兒殿、窨花半屋、木香亭等建築。這些建築體現著蒙古族與回族的建築風格，多爲泰定朝增建，〔註93〕

〔註88〕《元史》：「（天曆元年冬十月）燕鐵木兒入朝，賜宴興聖殿」，卷32，本紀第32，文宗一，714頁。

〔註89〕《元史》：「（天曆元年十二月）命高昌僧作佛事於寶慈殿」，卷32，本紀第32，文宗一，722頁。

〔註90〕《故宮遺錄》，77頁。

〔註91〕《元史》，卷29，本紀第29，泰定帝一，655頁。

〔註92〕《元史》：「（至治三年十二月）塑馬哈吃刺佛像於延春閣之徽清亭」，卷29，本紀第29，泰定帝一，642頁，謂徽清亭在延春閣後。《輟耕錄》載徽清亭在延華閣後，《大元畫塑記》亦云「延華閣西徽青亭門內，又塑帶伴繞馬哈哥佛像」，推測《元史》記載可能有誤。

〔註93〕《元史》：「（泰定二年）夏四月丁亥，作吾殿」，卷29，本紀第29，泰定帝一，655頁。《元史》：「（泰定二年）十二月丁亥，修鹿頂殿」，卷29，本紀第29，

應與泰定帝由漠北入繼大統的經歷有關。

興聖宮內除以上兩組建築外，另有一些獨立的院落，包括妃嬪院、庖室、庫房等，《輟耕錄》載：

> 東盝頂殿在延華閣東版垣外。正殿五間。前軒三間。東西六十五尺。深三十九尺。柱廊二間。深二十六尺。寢殿三間。東西四十八尺。前宛轉置花朱闌八十五扇。殿之傍有盝頂房三間。庖室二間。面陽盝頂房三間。妃嬪庫房一間。縫紝女庫房三間。紅門一。盝頂之制。三椽。其頂若笥之平故名。西盝頂殿在延華閣西版垣之外。制度同東殿。東殿之傍。有庖室三間。好事房二。各三間。獨脚門二。紅門一。妃嬪院四。二在東盝頂殿後。二在西盝頂殿後。各正室三間。東西夾四間。前軒三間。後有三椽半屋二間。侍女室八十五間。半在東妃嬪院左。西向。半在西妃嬪院右。東向。室後各有三椽半屋二十五間。東盝頂殿紅門外。有屋三間。盝頂軒一間。後有盝頂房一間。庖室一區。在凝暉樓後。正屋五間。前軒一間。後披屋三間。又有盝頂房一間。盝頂井亭一間。周以土垣。前闢紅門。酒房在宮垣東南隅庖室南。正屋五間。前盝頂軒三間。南北房各三間。西北隅盝頂房三間。紅門一。土垣四周之。學士院在閣後西盝頂殿門外之西偏。三間。生料庫在學士院南。又南。為鞍轡庫。又南。為軍器庫。又南。為牧人庖人宿衛之室。藏珍庫在宮垣西南隅。制度並如酒室。惟多盝頂半屋三間。庖室三間。〔註94〕

天曆二年（1329），文宗創建奎章閣。虞集《奎章閣記》云：

> 其為閣也，因便殿之西廡，擇高明而有容。不加飾乎採斫，不重勞於土木。不過啟戶牖以順清燠，樹庋閣以棲圖書而已。至於器玩之陳，非古制作中法度者，不得在列。其為處也，跬步戶庭之間，而清嚴邃密，非有朝會祠享時巡之事，幾無一日而不御於斯。於是宰輔有所奏請，賓密有所圖回，諍臣有所繩糾，侍從有所獻替，以次入對，從容密勿，蓋終日焉。而聲色狗馬不軌不物者無因而至前矣。〔註95〕

泰定帝一，662頁。

〔註94〕《南村輟耕錄》，卷21，宮闕制度，253～255頁。

〔註95〕虞集《奎章閣記》，《道園學古錄》，四庫全書本，1207冊，323～324頁。

《輟耕錄》載：

> 天曆初。建奎章閣於西宮興聖殿之西廊。爲屋三間。高明敞爽。
> 南間以藏物。中間諸官入直所。北間南向設御座。左右列珍玩……
> 後文宗復位。乃升爲奎章閣學士院……屬官則有群玉內司。階正三
> 品……藝文監。階正三品……監書博士司。階正五品……藝林庫。
> 階從六品……廣成局。階從七品。〔註96〕

由以上兩段記載可以看出，奎章閣創設之初「因便殿之西廊」，位置在興聖殿
的西廊中。共分三間，南間爲庫房，中央一間爲諸官辦公用房，北間設御座、
列珍玩。文宗復位後，奎章閣升爲學士院，下設群玉內司、藝文監、監書博
士司、藝林庫、廣成局等機構，已非三間廊房所能容納，故另闢一區作爲奎
章閣學士院。根據《輟耕錄》卷 21 的記載，學士院在「（延華）閣後西盝頂
殿門外之西偏」，可知其位置應在興聖殿西北。虞集《奎章閣記》作於天曆二
年（1329）四月，〔註97〕此時奎章閣尚在興聖殿西廊，《輟耕錄》的記載成於
「至順辛未孟春」，〔註98〕爲至順二年（1331），奎章閣已升爲學士院，可知
學士院的建設時間應在天曆二年（1329）至至順二年（1331）間。

　　文宗萬機之暇常來奎章閣與儒臣討論儒家經典、鑒賞書畫、商討國事〔註
99〕，「奎章閣下文章盛，太液池邊遊幸多」。〔註100〕奎章閣建築風格質樸，裝
飾簡潔，透露出「毋忘創業之艱難而守成之不易」的理念，但它卻是元末行
政組織中至爲重要的文化機構，可與翰林國史院、集賢院等量齊觀。

　　順帝即位後清算文宗弒兄奪位之逆，文宗朝顯赫一時的奎章閣亦遭廢
置。至正元年（1341）「改奎章閣爲宣文閣」，〔註101〕並將宣文閣移至大內大
明殿西北，〔註102〕位置在玉德殿附近。原奎章閣學士院遂無人問津，元末詩
人薩都剌過此不無感慨地寫道：「奎章三月文書靜，花落春深鎖閣門。玉座不
移天步遠，石碑空有御書存」。〔註103〕至正九年（1349）在奎章閣學士院舊址

〔註96〕《南村輟耕錄》，卷2，宣文閣，27～28頁。
〔註97〕《奎章閣記應制》，《全元文》，卷839，437頁。
〔註98〕《南村輟耕錄》，卷2，宣文閣，28頁。
〔註99〕參見姜一涵《元代奎章閣及奎章人物》，1981，臺北：聯經出版事業公司。
〔註100〕周憲王《元宮詞》，《誠齋新錄》，轉引自《日下舊聞考》，卷31，宮室，462頁。
〔註101〕《元史》，卷187，列傳第74，周伯琦傳，4296頁。
〔註102〕汪克寬《宣文閣賦》：「建傑閣乎中霄，屹大明之西北。揭宣文之嘉名，示弘
　　　　慕於萬億」，《環谷集》，轉引自《日下舊聞考》，卷31，宮室，464頁。
〔註103〕薩都剌《天錫集》，轉引自《人海詩區》，88頁。

建端本堂，作爲太子肄業之所。〔註104〕

　　根據《輟耕錄》的記載，可以繪出興聖宮平面復原圖。（圖3.6）

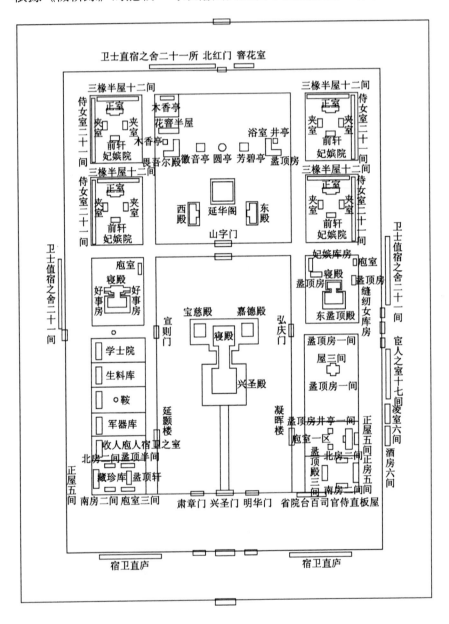

圖3.6　興聖宮平面圖

〔註104〕《故宮遺錄》：「宮後爲延華閣，規制高爽，與延春閣相望，四向皆臨花苑。苑東爲端本堂，上通冒青紵絲」，70頁。

3.5　隆福宮

3.5.1　興建沿革

隆福宮在太液池西，興聖宮之前，是元大都皇城內一處重要的宮殿建築群。原為世祖皇太子眞金的居所，始建於至元十一年（1274 年）四月。〔註 105〕太子眞金在至元二十三年（1285 年）憂鬱而終，晚年喪子的悲痛使忽必烈在選擇繼承人的問題上猶豫不決，直至至元三十年（1293 年）方「以皇太子寶授皇孫鐵穆耳」，並命他「總兵北邊」。〔註 106〕至元三十一年（1294 年）正月，鐵穆耳即位，是為元成宗。同年五月，「改皇太后所居舊太子府為隆福宮」〔註 107〕，原東宮的職能機構也進行相應調整，隆福宮成為崇奉皇太后的處所，為太后興建的侍女直廬、侍女室、針線殿等都是別處很少見到的。

武宗即位後，感念母恩，於至大元年三月「為太后建興聖宮」，並「立仁宗為皇太子」。〔註 108〕武宗之朝，武宗居大內，太后居興聖宮，隆福宮當為皇太子愛育黎拔力八達的住所。此後仁宗、英宗、泰定帝之朝，太后都住在興聖宮，隆福宮仍為太子東宮。明宗即位後，文宗以皇太子身份居興聖宮，隆福宮可能又成為太后住所，寧宗、順宗朝太后居隆福宮，隆福宮恢復東宮的地位。

元朝統治者在吸收漢法的同時，保留許多草原舊俗，例如將「行國」、「行殿」等習俗雜糅進「視朝」的決策中。皇帝「御前奏聞」經常在隆福宮進行，如《道園學古錄》載「延祐初元之三月，近臣以君入見嘉禧殿」〔註 109〕。光天殿後寢殿西側的嘉禧殿，內置玉座，皇帝時常來此處理政務，如《松雪齋集》中有這樣的記錄：「殿西小殿號嘉禧。玉座中央靜不移。讀罷經書香一炷，太平天子政無為」〔註 110〕。此外，隆福宮內也常舉行一些儀式典禮等活動，如泰定帝「修佛事於壽昌殿」等。〔註 111〕

元中葉後，隆福宮建築多有增改，如西御苑中增建圓殿、水晶殿等建築，光天殿建築組群則一直沿用。

〔註 105〕《元史》：「（至元十一年四月）癸丑，初建東宮」，卷八，本紀第八，世祖五，154 頁。

〔註 106〕《元史》，卷十七，本紀第十七，世祖十四，373 頁。

〔註 107〕《元史》，卷十八，本紀第十八，成宗一，383 頁。

〔註 108〕《元史》，卷一一六，列傳第三，后妃二，2901 頁。

〔註 109〕《道園學古錄》，卷五，送顏幹赴建德總管序，82 頁，四庫全書本，1207 冊。

〔註 110〕《松雪齋集》，卷五，宮中口號，663 頁，四庫全書本，1196 冊。

〔註 111〕《元史》，卷二十九，本紀第二十九，泰定帝一，646 頁。

3.5.2　平面布局

隆福宮可分爲宮殿區與西御苑兩部分，下面分別對這兩區的平面布局進行分析。

（一）宮殿區布局

隆福宮的平面布局，《輟耕錄》與《故宮遺錄》都有記載。《輟耕錄》對隆福宮的建築有如下描述：

> 隆福殿在大內之西，興聖宮之前。南紅門三，東西紅門各一，繚以磚垣。南紅門一。東紅門一。後紅門一。光天門，光天殿正門也，五間，三門，高三十一尺，重簷。崇華門在光天門左，膺福門在光天門右，各三間，一門。光天殿七間，東西九十八尺，深五十五尺，高七十尺。柱廊七間，深九十八尺，高五十尺。寢殿五間，兩夾四間，東西一百三十尺，高五十八尺五寸，重簷，藻井、瑣窗，文石甃地，藉花毳裀，懸朱簾，重陛，朱闌，塗金雕冒楯。正殿縷金雲龍樟木御榻，從臣坐床重列前兩傍。寢殿亦設御榻，裀褥咸備。青陽門在左廡中，明暉門在右廡中，各三間，一門。翥鳳樓在青陽南，三間，高四十五尺。驂龍樓在明暉南，制度如翥鳳，後有牧人宿衛之室。壽昌殿又曰東暖殿，在寢殿東，三間，前後軒，重簷。嘉禧殿又曰西暖殿，在寢殿西，制度如壽昌。中位佛像，傍設御榻。針線殿在寢殿後。周廡一百七十二間，四隅角樓四間。侍女直廬五所，在針線殿後。又有侍女室七十二間，在直廬後。及左右浴室一區，在宮垣東北隅。文德殿在明暉外，又曰楠木殿，皆楠木爲之，三間，前後軒一間。盝頂殿五間，在光天殿西北角樓西，後有盝頂小殿。香殿在宮垣西北隅，三間，前軒一間。前寢殿三間，柱廊三間，後寢殿三間。東西夾各二間。文宸庫在宮垣西南隅，酒房在宮垣東南隅，內庖在酒房之北。〔註112〕

《故宮遺錄》：

> 廡後兩繞漸河，東流金水，互長街，走東北，又繞紅牆，可二十步許，爲光天門。仍闢左右掖門，而繞長廡。中爲光天殿，殿後主廊如前，但廊後高起爲隆福宮。四壁冒以絹素，上下畫飛龍舞鳳，

〔註112〕《南村輟耕錄》，卷二十一，宮闕制度，252～253 頁。

極爲明曠。左右後三向，皆爲寢宮，大略亦如前制。宮東有沉香殿，
西有寶殿，長廡四抱，與別殿重閣曲折掩映，尚多莫名。〔註113〕

隆福宮前部是光天殿組群，四周繞以磚垣。南牆闢三座紅門，東西牆各一座
紅門，周廡172間，四隅角樓各一座。光天殿是隆福宮的主殿，廣98尺，深
55尺，高70尺，高敞明曠。殿後通過七間柱廊與寢殿相連，平面爲工字殿的
形式。光天殿內設縷金雲龍樟木御榻，寢殿四壁敷以絹素，畫飛龍舞鳳圖案。
關於「光天」一名的來歷，《日下舊聞考》記載：「皇太后命改隆福宮名，他
學士擬光被，趙公孟俯擬光天。他學士曰：光天二字出陳後主詩，不祥。公
曰：帝光天之下，出虞書，何名不祥？於是各書所擬以進，卒用光天。」〔註
114〕《禁扁》：「光天，正，即隆福」，〔註115〕可知光天殿原名隆福殿，成宗母
弘吉剌氏居隆福宮時改名爲光天。蕭洵在考察元宮時對此並不知悉，認爲光
天、隆福分別爲兩殿名字，將光天殿後寢殿誤讀作隆福宮。

　　光天殿後柱廊兩側對稱布置壽昌、嘉禧兩座暖殿，皆爲三間、重簷、前
後軒的形式，元帝常在暖殿內讀書或接見近臣，〔註116〕有時也在殿內修作佛
事。〔註117〕《故宮遺錄》謂「宮東有沉香殿，西有寶殿」，所指即壽昌、嘉禧
二殿，可能元代後期二殿更名爲沉香殿與寶殿。光天殿東西廡各設一座紅門，
東廡中紅門名青陽門，西廡中名明暉門，翥鳳、驂龍二樓分別在青陽、明暉
二門之南。《馬可波羅行紀》謂隆福宮「形式大小完全與皇宮無異」，〔註118〕
根據這一記載，翥鳳、驂龍二樓應在光天殿東西廡中，位置與大內宮殿之鐘、
鼓樓同。

　　寢殿後北廡中央有針線殿，殿後有侍女直廬、侍女室、左右浴室等建築。
明暉門外有楠木建造的文德殿，《禁扁》有「光天　正即隆福　壽昌　東　嘉禧　西
文德　西位　睿安　東五殿在隆福宮」的記載，〔註119〕可知睿安殿應在東廡青陽

〔註113〕《故宮遺錄》，76頁。
〔註114〕《楊仲宏集》，引自《日下舊聞考》，卷31，宮室，451頁。
〔註115〕《禁扁》，卷2，四庫全書本，468冊，67頁。
〔註116〕《道園學古錄》：「延祐初元之三月。近臣以君入見嘉禧殿」，卷5，送頗幹赴
　　　　建德總管序，四庫全書本，1207冊，82頁。《松雪齋集》：「殿西小殿號嘉禧，
　　　　玉座中央靜不移。讀罷經書香一炷，太平天子政無爲」，卷5，宮中口號，四
　　　　庫全書本，1196冊，663頁。
〔註117〕《元史》：「（泰定元年夏四月）修佛事於壽昌殿」，卷29，本紀第29，泰定帝
　　　　一，646頁。
〔註118〕《馬可波羅行紀》，第2卷，第84章，大汗太子之宮，334頁。
〔註119〕《禁扁》，卷2，四庫全書本，468冊，67頁。

門外與文德殿對稱的位置。〔註120〕此外，夾垣內還有盝頂殿、盝頂小殿、香殿、文宸庫、酒房、內庖等建築。

（二）西御苑

《輟耕錄》載隆福宮西御苑布局：

> 隆福宮西御苑在隆福宮西。先后妃多居焉。香殿在石假山上。三間。兩夾二間。柱廊三間。龜頭屋三間。丹楹。瑣窗。間金藻繪。玉石礎。琉璃瓦。殿後有石臺。山後闢紅門。門外有侍女之室二所。皆南向並列。又後直紅門。並立紅門三。三門之外。有太子幹耳朵（。）荷葉殿二。在香殿左右。各三間。圓殿在山前。圓頂上置塗金寶珠。重簷。後有流杯池。池東西流水圓亭二。圓殿有廡以連之。歇山殿在圓殿前。五間。柱廊二。各三間。東西亭二。在歇山後左右。十字脊。東西水心亭在歇山殿池中。直東西亭之南。九柱。重簷。亭之後。各有侍女房三所。所爲三間。東房西向。西房東向。前闢紅門三。門內立石以屏內外。外築四垣以周之。池引金水注焉。棕毛殿在假山東偏。三間。後盝頂殿三間。前啓紅門。立垣以區分之。儀鸞局在三紅門外西南隅。正屋三間。東西屋三間。前開一門。〔註121〕

《故宮遺錄》對西御苑假山、水晶圓殿記載更詳：

> 新殿後有水晶二圓殿，起於水中，通用玻璃飾，日光回彩，宛若水宮。中建長橋，遠引修衢而入嘉禧殿。橋旁對立二石，高可二丈，闊止尺餘，金彩光芒，利鋒如斫。度橋步萬花入懿德殿，主廊寢宮，亦如前制，乃建都之初基也。由殿後出掖門，皆叢林，中起小山，高五十丈，分東西延緣而升，皆崇怪石，間植異木，雜以幽芳，自頂繞注飛泉，皆下穴爲深洞，有飛龍噴雨其中。前有盤龍，相向舉首而吐流泉，泉聲夾道交走，泠然清爽，又一幽回，彷彿仙島。山上復爲層臺，回闌邃閣，高出空中，隱隱遙接廣寒殿。山後仍爲寢宮，連長廡。〔註122〕

西御苑在隆福宮西，后妃多居於此。御苑中央是石假山，山上建有香殿，亦爲工字形平面，香殿兩側各有一座荷葉殿。假山前有圓亭、流杯池、歇山殿、

〔註120〕「睿安」之名諸書大多闕載，今據《禁扁》補。
〔註121〕《南村輟耕錄》，卷二十一，宮闕制度，256～257 頁。
〔註122〕《故宮遺錄》，76 頁。

水心亭、侍女房等建築，假山東偏有一獨立的院落，內有棕毛殿與盝頂殿，〔註123〕假山後有兩所侍女室與太子斡耳朵。其中，棕毛殿與水晶圓亭都是前所未有的建築形式，體現著鮮明的蒙古族特色。元帝常來西御苑宴飲遊賞，明人周憲王追憶元帝遊幸的情景道：「棕殿巍巍西內中，御筵簫鼓奏薰風。諸王駙馬咸稱壽，滿酌葡萄獻玉鍾」。〔註124〕

　　根據以上分析，繪出隆福宮西御苑平面復原圖。（圖3.7）

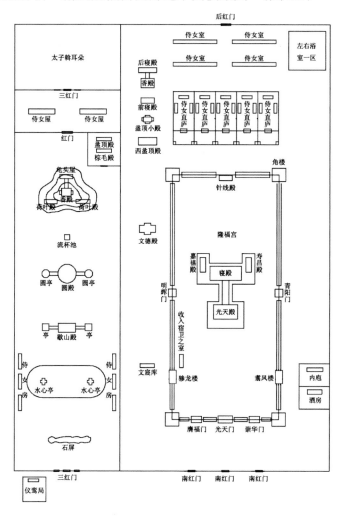

圖 3.7　隆福宮及西御苑平面圖

〔註123〕《元史》：「（泰定元年十二月）辛未，新作棕殿成」，卷29，本紀第29，泰定帝一，652頁。

〔註124〕《誠齋新錄》，轉引自《人海詩區》，229頁。

3.5.3 光天殿復原研究

光天殿是隆福宮主殿，本節根據文獻記載對光天殿進行復原，揭示其建築特點與形制意義，以增進對元代宮殿建築特點的認識。

（一）復原依據

《南村輟耕錄》對隆福宮主殿光天殿的建築面闊、進深、高度、間數、層數有較爲詳細的記載，屬於天曆二年（1329 年）左右大都宮殿的官方記錄，是建築復原推算的主要依據。此外，《馬可波羅行紀》中也有對隆福宮的描述，可以作爲復原的參考。下面參照元代官式建築特點，對光天殿進行復原。

（二）復原計算

《輟耕錄》記載光天殿面闊七間，廣 98 尺，深 55 尺，高 70 尺。按元式用斗栱的特點，盡間用一朵補間鋪作，其餘二朵，這樣，在面闊方向，七間共用斗栱二十朵，中間有十九個攢擋，每一攢擋爲 98 尺／19 個＝5.16 尺／個。即每朵斗栱寬必須小於它。傅熹年推斷元大都大內主殿大明殿使用宋式二等材〔註 125〕，隆福宮本爲太子府〔註 126〕，用材等級必然低於宋式二等材。

若用宋式三等材，每「分」0.5 寸，則攢擋＝5.16 尺／0.5 寸／分＝103「分」。

若用宋式四等材，每「分」0.48 寸，則攢擋＝5.16 尺／0.48 寸／分＝108「分」。

若用宋式五等材，每「分」0.44 寸，則攢擋＝5.16 尺／0.44 寸／分＝117「分」。

由此可見，若用宋式三、四等材，當建築各間面闊自中間向兩側遞減時，邊上面闊小的梢間、盡間極可能容不下應該放置的斗栱。所以光天殿用材只能是五等材或更低一等。

元建國之初，「百藝繁興，顓書續出」〔註 127〕，成立了專門負責建造宮殿的「宮殿府」〔註 128〕，必有類似《營造法式》的政府頒行的建築法規。清

〔註 125〕 參見傅熹年《元大都大內宮殿的復原研究》，《考古學報》，1993 年第 1 期。

〔註 126〕 《元史》：「（至元三十一年五月）己巳，改皇太后所居舊太子府爲隆福宮」，卷十八，本紀第十八，成宗一，383 頁。

〔註 127〕 朱啓鈐校刊《梓人遺制》，永樂大典本，序，2 頁，京城印書局，1933 年。

〔註 128〕 《元史》：「（中統二年十二月）初立宮殿府，秩正四品，專職營繕」，卷四，本紀第四，世祖一，76～77 頁。

乾隆間曾從《永樂大典》中輯出元代這類著作，定名爲《元內府宮殿製作》，可惜得而復失，未能傳流至今。目前尚存的元代建築不下百座，其中曲陽北嶽廟德寧殿和和山西永樂宮幾座建築屬於元代官式，從中可以發現元代官式建築的一些規律。

曲陽北嶽廟德寧殿據碑記建於元世祖至元七年（1270 年），屬元代官修祭祀北嶽的建築，爲官式七間重簷廡殿建築，用材尺寸 6.56 寸×4.38 寸，近似宋式五等材。〔註129〕山西永濟永樂宮三清殿始建於 1247 年，是以爲元帝祝延的名義興建，屬於元代官式七間單簷建築，用材尺寸爲 6.3 寸×4.3 寸，略小於宋式五等材。〔註130〕這兩座等級很高的建築，按《營造法式》規定應使用二等材，元代只用五等材，說明同等規格的建築元代用材要比宋代低幾個等級。太子居住的光天殿面闊七間，使用五等材是極爲可能的。

假定光天殿使用五等材。大殿除盡間外其餘各間都可安置兩朵斗栱，則其標準面闊爲 351「分」（3×117 分＝351 分），合 15.44 尺（351 分×0.044 尺／分＝15.44 尺）。由於面闊自明間向盡間逐漸減小，明間面闊應大於標準面闊，如取以 5 寸爲單位的數字，設爲 17.5 尺，恰接近五等材 400「分」（400分×0.044 尺／分＝17.6 尺），且超過光天殿後柱廊的平均面闊 14 尺（98 尺／7 間＝14 尺／間）。假定簷柱高度稍大於明間面闊，暫設爲 18 尺。曲陽北嶽廟德寧殿下簷施五鋪作斗栱，上簷施六鋪作斗栱，永樂宮三清殿使用六鋪作斗栱。光天殿同樣爲七開間，又是隆福宮內最重要的建築，斗栱規格較高，設出挑三層，即宋式六鋪作斗栱。這樣：

斗栱高（自櫨斗底到撩簷方上皮）＝12 分（櫨斗的「敧」和「平」之高）＋4×21 分（三層出跳栱和外跳上的令栱之高）＋30 分（撩簷方高）＝126 分。

126 分×0.44 寸／分＝55.44 寸，即斗栱高約 5.5 尺。

斗栱挑出之寬＝36 分（第一跳華栱）＋30 分（第二跳華栱）＋26 分（第三跳華栱或昂）＝92 分。

92 分×0.44 寸／分＝40.48 寸，即斗栱出挑約 4 尺。

元代宮殿屋頂舉高最大可爲前後撩簷方間距的 1／3，取其最大值，則：

光天殿前後撩簷方間距＝55 尺（進深）＋2×4（斗栱挑出之寬）＝63 尺。

〔註129〕參見轟金鹿《曲陽北嶽廟德寧之殿結構特點芻議》，《文物春秋》，1995 年第 4期，47～53 頁。
〔註130〕參見王世仁《「永樂宮」的元代建築和壁畫》，《文物參考資料》，1956 年第 9期，32～40 頁。

光天殿舉高＝63 尺／3＝21 尺。

這樣，當光天殿爲單簷建築時，其最大高度爲 18 尺（簷柱高）＋5.5 尺（斗栱高）＋21 尺（舉高）＝44.5 尺，比《輟耕錄》記載的 70 尺低 25.5 尺。這就證明光天殿只有爲重簷建築或爲二層樓閣時，才能達到 70 尺高。

傅熹年在《中國古代城市規劃、建築群布局及建築設計方法研究》一書中指出，宋遼以來重簷建築上簷柱之高爲下簷柱的二倍〔註 131〕。若光天殿爲重簷，則光天殿的上簷柱高爲 36 尺。

宋代建築上簷用材常較下簷高一等，設光天殿上簷用四等材，每分合 0.048 尺。這樣，上簷斗栱高爲 126 分×0.48 寸／分＝60.48 寸，約 6 尺，上簷斗栱挑出 92 分×0.48 寸／分＝44.16 寸，約 4.5 尺。推知光天殿屋頂舉高爲 70 尺（總高）－36 尺（上簷柱高）－6 尺（斗栱高）＝28 尺。按舉高爲前後撩簷方間距的 1／3，則上簷前後撩簷方間距爲 3×28 尺＝84 尺，上簷前後簷柱間距爲 84 尺（上簷前後撩簷方間距）－2×4.5 尺（斗栱挑出之寬）＝75 尺。即便用七鋪作斗栱推算，按上述方法求得上簷前後簷柱間距爲 69.5 尺。《輟耕錄》記載光天殿的進深爲 55 尺，上簷前後簷柱間距必然小於 55 尺，由此可見，光天殿應爲二層樓閣式建築。

光天殿的具體建築形式，史籍中沒有明確記錄，惟有馬可波羅在他的行紀中對元朝盛期的隆福宮描繪道：「大汗爲其將來承襲帝位之子建一別宮，形式大小完全與皇宮無異」。〔註 132〕馬可波羅來華時興聖宮並未建造，行紀中提到的太子之宮指的就是隆福宮。隆福宮規模較大內略小，馬可波羅歸國後憑記憶對宮殿尺寸的記錄難免會與實際略有出入〔註 133〕，但對宮殿形式的描述當爲準確的，光天殿的形式應與大內宮殿相同。大內前宮大明殿爲重簷廡殿頂建築，因而光天殿只能是「三簷重屋」〔註 134〕，即上下層都有屋簷且上層

〔註 131〕 參見傅熹年《中國古代城市規劃、建築群布局及建築設計方法研究》，中國建築工業出版社，2001 年 9 月。

〔註 132〕 （法）沙海昂注，馮承鈞譯《馬可波羅行紀》，第 84 章，334 頁，中華書局，2003 年。

〔註 133〕 近年學術界頗有對馬可波羅到過中國的懷疑，國內許多學者堅持馬可波羅曾到過中國，可參見楊志玖《馬可波羅在中國》，南開大學出版社，2000 年；周良霄《元代旅華的中國人——兼答馬可波羅到過中國嗎》，《歷史研究》，2001 年第 3 期。本文認爲馬可波羅到過中國。

〔註 134〕 （元）陶宗儀《南村輟耕錄》，卷二十一，宮闕制度，252 頁，中華書局，1959 年 2 月。

為重簷的二層樓閣，與大內後宮的延春閣形式相同。

《營造法式》載：「凡樓閣上屋鋪作，或減下屋一鋪」，〔註135〕樓閣式建築中，平坐及二層斗栱常比下層減少一跳。假定光天殿平坐與上層斗栱出二跳，可以推出：

平坐斗栱總高＝12 分（櫨斗的「敧」和「平」之高）＋2×21 分（二層出跳栱高）＋15 分（地面方）＝69 分。

69 分×0.44 寸／分＝30.36 寸，平坐斗栱高約 3 尺。

平坐斗栱挑出＝36 分（第一跳華栱）＋26 分（第二跳華栱）＝62 分。

62 分×0.44 寸／分＝27.28 寸，平坐斗栱挑出 2.7 尺。

二層斗栱總高＝12 分（櫨斗的「敧」和「平」之高）＋3×21 分（二層出跳栱與外跳上的令栱之高）＋30 分（撩簷方高）＝105 分。

105 分×0.44 寸／分＝46.2 寸，即二層斗栱高 4.6 尺。

二層斗栱總挑出＝36 分（第一跳華栱）＋26 分（第二跳華栱或昂）＝62 分，即二層斗栱挑出 2.7 尺。

通過對大量宋遼金樓閣與多層塔測量分析得知，第一層柱頂至第二層下平坐柱頂之高和自平坐柱頂至二層柱頂之高基本都與一層柱高相等。光天殿上層為重簷建築，故二層上簷柱高為下簷柱高的二倍。當光天殿一層柱高為 14 尺時，二層下簷柱高為 14 尺（一層柱高）－3 尺（平坐斗栱高）＝11 尺，則二層上簷柱高出下簷柱 11 尺。這樣可以推出：

二層上簷柱的標高＝3×14 尺（一層柱高）＋11 尺＝53 尺

上簷撩簷方的標高＝53 尺（二層上簷柱標高）＋4.6 尺（二層斗栱高）＝57.6 尺

二層屋頂舉高＝70 尺（脊高）－57.6 尺（上層撩簷方高）＝12.4 尺

殿閣式建築屋頂舉高最大為前後撩簷方間距的 1／3，現取最大值，反推求得二層上簷前後撩簷方間距為 3×12.4 尺（屋頂舉高）＝37.2 尺，二層上簷前後簷柱間距為 37.2（二層前後撩簷方間距）－2×2.7 尺（二層斗栱出挑）＝31.8 尺。

前文已述，面闊方向攢擋平均值為 5.16 尺，兩端二盡間僅容一朵斗栱，盡間面闊約為 2×5.16＝10.32 尺，取以 5 寸為單位的數值，盡間面闊約 10.5

〔註135〕《營造法式》卷四，引自《梁思成全集》，第七卷，107 頁，中國建築工業出版社，2001 年 4 月。

尺。由於面闊與進深方向上盡間的長度相等，則下簷進深同樣為 10.5 尺，這樣推知二層上簷前後簷柱間距為 55 尺－2×10.5 尺＝34 尺，與前面推出的上簷前後簷柱間距 31.8 尺僅差 2.2 尺，基本吻合。這個差值可以通過屋頂舉高略加調整得到解決，即實際屋頂舉高略小於上簷前後撩簷方間距的 1/3。這樣，我們可以推定光天殿的面闊進深：

面闊為 10.5 尺＋14 尺＋15.5 尺＋18 尺＋15.5 尺＋14 尺＋10.5 尺＝98 尺

進深為 10.5 尺＋17 尺＋17 尺＋10.5 尺＝55 尺

一層簷柱高 14 尺，小於明間間廣 18 尺，符合宋式建築柱高不越間之廣的規定。光天殿為「三簷重屋」的樓閣式建築，形式與延春閣相同，而尺度、材等與斗栱等級均低於延春閣。至此，我們已確定光天殿的建築形式，並推算出光天殿的材等，面闊與進深方向上逐間的寬度、柱高、斗栱高與屋頂舉架高度，可以據此繪出光天殿的平面、立面、剖面的復原圖。

宋、金建築群中軸線上的主殿，必然是殿的形式，如金宮中的大安殿和仁政殿。光天殿是隆福宮的主殿，名為「殿」實為樓閣式建築。再如大明殿後的延春閣，《禁扁》把它稱作「大內後宮正殿」。〔註136〕由此可見，正殿用閣可能是元代宮殿的首創，在元代建築群中並非僅見。樓閣的等級較重簷廡殿低，隆福宮本為太子東宮，主殿採用樓閣的形式，等級上比象徵國家政權的大內前宮大明殿低。

元代的建築遵循嚴格的等級制度，不同級別的建築在用材、斗栱、屋頂形式方面都有差異。光天殿為隆福宮中最高等級的建築，光天門、殿後寢殿、柱廊與東西廡上驂龍、翥鳳二樓應比光天殿低一等，寢殿的東西夾與後暖殿，寢殿兩側的壽昌、嘉禧二殿，東西廡上明暉、青陽兩個側門以及北廡正中的針線殿，應再低一級。南廡上的膺福、崇華二角門與廊廡四角的四個角樓應再低一級，四周的廊廡等級是最低的。

柱廊等級較光天殿低一級，設用六等材，斗栱五鋪作。柱廊斗栱高為 105 分×0.4 寸／分為 42 寸，合 4.2 尺，斗栱出挑為 62 分×0.4 寸／分＝24.8 寸，約 2.5 尺。《輟耕錄》載「柱廊七間，深九十八尺，高五十尺」，平均每間柱廊面闊為 98 尺／7＝14 尺。〔註137〕柱廊簷柱的高度應不超過光天殿底層簷柱

〔註136〕（元）王士點《禁扁》，卷三，閣，81 頁，四庫全書本，468 冊。

〔註137〕《輟耕錄》中所言柱廊深是從光天殿正面觀察，本文採取習慣稱謂，柱廊進深指柱廊平面中短向長度，面闊為長向長度，恰與《輟耕錄》相反。

高，最大爲 14 尺，則屋頂舉高最小爲 50 尺（柱廊高）－14 尺（簷柱高）－
4.2 尺（斗栱高）＝31.8 尺，柱廊前後簷柱間距爲 31.8 尺×3－2.5 尺×2＝90.4
尺，比光天殿面闊 98 尺僅少 7.6 尺，相當接近，顯然是不可能的。由此可知，
光天殿與後寢殿之間的柱廊應爲重簷。

　　柱廊上簷斗栱用材比下簷高一等，即用五等材。上簷斗栱高爲 105 分×
0.44 寸／分＝46.2 寸，約 4.6 尺，上簷斗栱出挑 62×0.44 寸／分＝27.28 寸，
約 2.7 尺。柱廊下簷柱高不超過光天殿底層簷柱高，設爲 14 尺，則柱廊上簷
柱標高爲 14 尺×2＝28 尺，屋頂舉高 50 尺（柱廊高）－28 尺（上簷柱柱頂
標高）－4.6 尺（上簷斗栱高）＝17.4 尺，上簷前後簷柱間距爲 17.4 尺×3－
2.7 尺×2＝46.8 尺，略小於光天殿中央三開間的總面闊 49 尺。稍微降低屋面
坡度，將上簷前後簷柱間距調爲 49 尺。《輟耕錄》中沒有柱廊進深的記錄，
通過作圖求得柱廊下簷進深爲 9.5 尺。

　　馬可波羅記隆福宮「形式大小完全與皇宮無異」，光天殿形式與延春閣相
同，如果光天殿後柱廊重簷，則延春閣後柱廊亦應爲重簷。《輟耕錄》記延春
閣後柱廊「七間，廣四十五尺，深一百四十尺，高五十尺」，同樣方法可以推
知其爲底層簷柱高 17 尺的重簷連廊。由此可見馬可波羅對於隆福宮建築形式
的描述準確無誤，《輟耕錄》中對光天殿後柱廊高度的記錄也是可信的。

　　光天殿之後是五間的寢殿，東西兩夾各二間，「東西一百三十尺，高五十八
尺五寸，重簷」。〔註 138〕《故宮遺錄》稱其「左右後三向，皆爲寢宮」〔註 139〕，
形式當與延春閣後寢殿相同，即爲東、西、北三面均有夾室的重簷歇山頂建築，
與光天殿之間通過七間柱廊連接。東西兩夾二間，應爲單簷歇山屋頂建築。

　　設光天殿後寢殿下簷用六等材，上簷用五等材，寢殿東、西、北三面的
夾室用七等材，斗栱均爲五鋪作。按元式建築斗栱的排布規律，寢殿的明間、
次間每間用兩朵補間鋪作，盡間一朵。下面對夾室斗栱的排布進行驗算。

　　元式建築攢檔標準值爲 125 分，最大不超過 150 分，最小不低於 100 分。
寢殿面闊方向共 13 攢檔，最大面闊爲 150 分×13＝1950 分，即 0.04 尺／分×
1950 分＝78 尺。如果夾室每間施一朵斗栱，東、西兩夾各 4 攢檔，最大面闊爲
150 分×4＝600 分，即 0.035 尺／分×600 分＝21 尺。寢殿與東、西夾室面闊
最大值爲 78 尺＋21 尺×2＝120 尺，比《輟耕錄》中記載的總面闊 130 尺少 10

〔註 138〕《南村輟耕錄》，卷二十一，宮闕制度，253 頁。
〔註 139〕《故宮遺錄》，70 頁。

尺。由此可知，夾室中靠近寢殿的一間須用兩朵斗栱，盡間一朵。這樣，東、西夾室各 5 攢擋，最大面闊為 150 分×5×0.035 尺／分＝26.25 尺。後寢殿與東、西夾室面闊方向共用 24 朵斗栱，23 個攢擋。寢殿攢擋均取最大值 150 分，寢殿面闊為 150 分×13×0.04 尺／分＝78 尺，東西兩夾各（130 尺－78 尺）／2 ＝26 尺，不超過夾室的最大面闊 26.25 尺，可見上述推論是合理的。

通過對大內延春閣後寢殿的推算可以發現，寢殿一層簷柱高 22.5 尺，高於延春閣後柱廊的簷柱高度。據此設定光天殿後寢殿一層簷柱高 18 尺，夾室簷柱與柱廊簷柱等高，為 14 尺，用同樣方法進行推算，繪出柱廊、寢殿與夾室的平面、立面、剖面的復原示意圖（見圖 3.8～3.13）。

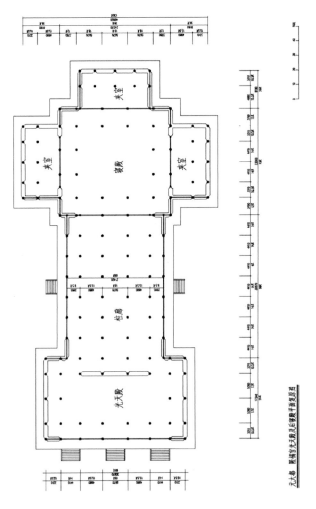

圖 3.8　光天殿及後寢殿平面復原示意圖

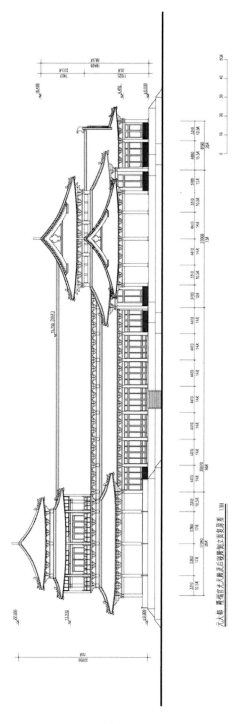

圖 3.9　光天殿東立面復原示意圖

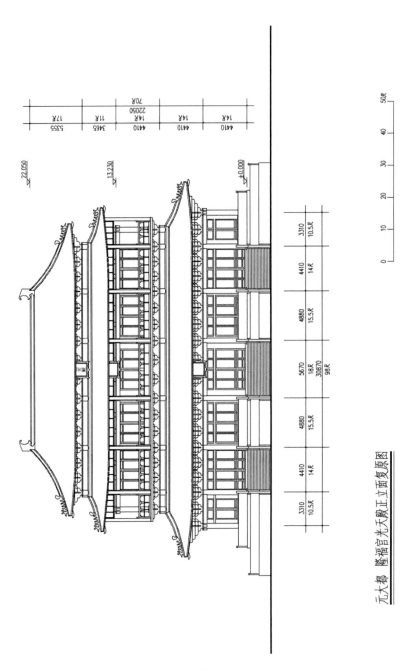

圖 3.10 光天殿正立面復原示意圖

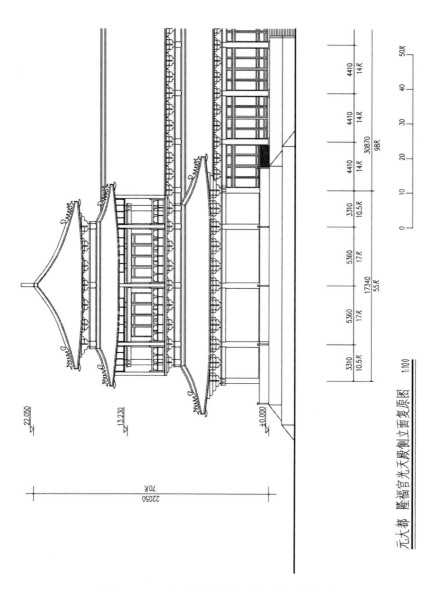

圖 3.11　光天殿側立面復原示意圖

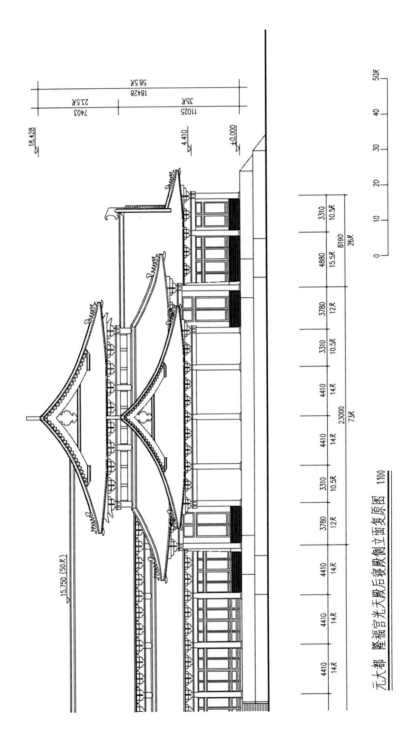

圖 3.12　後寢殿側立面復原示意圖

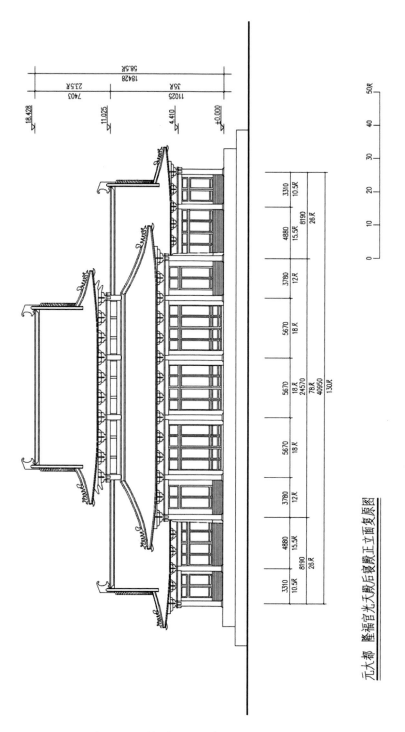

元大都 隆福宮光天殿后寢殿正立面復原圖

圖 3.13　後寢殿正立面復原示意圖

（三）形制意義

工字殿的建築形式，在宋金建築群中頗爲常見。《宋會要輯稿》記載北宋汴京大慶殿等有後閣，是工字殿，山西繁峙岩山寺金代宮室壁畫中反映的金代建築，也是前殿後閣的工字殿。〔註140〕隆福宮光天殿與大內大明殿、延春閣都是工字殿，無疑承襲宋、金制度，但光天殿與大內延春閣均將閣置於殿前，前閣後殿，殿閣之間通過重簷柱廊連接，這是前所未有的形式。虞集《跋大安閣圖》記載上都大安閣：

> 世祖皇帝在藩，以開平爲分地，即爲城郭宮室。取故宋熙春閣材於汴，稍損益之，以爲此閣，名曰大安。既登大寶，以開平爲上都，宮城之內不作正衙，此閣巍然，遂爲前殿也。規制尊穩秀傑，後世誠無以加也。〔註141〕

由此可見，上都宮城主殿即爲閣的形式。前殿用閣，應是元代獨創。

工字殿具有一定的等級意義。《金史・世宗上》：「（大定七年十月）辛酉，敕有司於東宮涼樓前增建殿位，孟浩諫曰：『皇太子雖爲儲貳，宜示以儉德，不當與至尊宮室相侔。』乃罷之」，〔註142〕可見前殿後閣的工字殿爲金代皇宮規制。金代建築制度沿襲宋制，宋代東宮主殿亦應爲獨立殿閣，不能與皇宮主殿的形式相同。

元大都的隆福宮本爲太子眞金的東宮，主殿爲前閣後殿的工字殿，與大內後宮主殿延春閣的形式相同。究其原因，大致有三個方面：第一，蒙古族的等級制度並不嚴格，如志費尼在《世界征服者史》中稱讚蒙古人「不講究禮儀，不追求職銜，毫不高高在上，難以接近」〔註143〕，入主中原後實行漢法並不徹底，未能建立一套如漢族政權的森嚴的等級體系。第二，蒙古統治者借鑒漢制，建立太子制度，但實質內容與漢族王朝有很大差異。漢族王朝嚴密的中央集權的政治環境，使皇太子在政治生活中發揮作用的機會微乎其微，而元代的太子可以對現實政治的發展產生巨大影響，甚至具有左右政局的可能。眞金在至元十年被立爲太子，同時兼任樞密院使與中書令，在元初的政治舞臺中起著重要作用，成爲儒士集團制約「多智巧言，以功利成效自

〔註140〕 參見傅熹年《山西省繁峙縣岩山寺南殿金代壁畫中所繪建築的初步分析》，《傅熹年建築史論文集》，282～313頁，文物出版社，1998年。

〔註141〕 虞集《跋大安閣圖》，《道園學古錄》，卷10，四庫全書本，1207冊，157頁。

〔註142〕 《金史》，卷六，本紀第六，世宗上，140頁。

〔註143〕 《世界政府者史》，22頁，江蘇教育出版社，2005年。

負」〔註 144〕的阿合馬的靠山。太子政治地位較前朝有較大提升，太子東宮的建築等級很可能隨之提高。第三，元朝並無唐宋遼金時的「常朝」，最高層的決策通常採用「御前奏聞」的形式，時間地點均不固定。〔註 145〕皇帝多次在隆福宮處理政務，如光天殿後寢殿、光天殿後棕毛柱廊以及嘉禧殿內。因此，隆福宮在建立之初即兼具行宮的性質，主殿模仿皇宮採用工字殿的形式也就不足爲奇了。

　　工字殿的功能區分，往往爲「前堂後室」，將朝會空間與私密空間分開。光天殿廣 98 尺，深 55 尺，底層面積 5390 平方尺。通過復原計算推知光天殿後寢殿廣 78 尺，深 73 尺，面積 5694 平方尺，超過光天殿底層面積，而大明殿、延春閣後寢殿面積均遠小於前殿。可以看出，光天殿組群的主要功能是作爲太子起居的處所，「前堂」地位不及「後室」，與大內宮殿不同。

　　《故宮遺錄》記光天殿後寢殿「左右後三向皆爲寢宮，大略亦如前制」，〔註 146〕在寢殿左、右、後三向各建夾室，可能是元宮工字殿後寢殿的固定形式，大明殿、延春閣、興聖殿三組中的寢殿無不如此。這在宋、遼宮室中未曾發現，最早見於繁峙岩山寺壁畫中反映的金代宮殿，可能可能與女眞、蒙古民族「一夫多妻」的婚俗與居住習慣有關。

　　漢族家庭多爲一夫一妻制，納妾作爲婚姻的補充，妻妾在禮法上的地位存在嚴格的區分。契丹族漢化程度較深，家庭大多一夫一妻，其他北方少數民族則多有「一夫多妻」的習俗。建立金朝的女眞人「無論貴賤，人有數妻」，〔註 147〕進入中原後，海陵王規定「庶官許求次室二人」，〔註 148〕將多妻習俗合法化。蒙古的札撒允許「一夫多妻」，〔註 149〕「每一個男人，能供養多少妻子，就可以娶多少妻子」。〔註 150〕多妻制中妻室雖有正次之分，正妻在家庭事務決策方面具有優先權，但各個妻子之間的地位基本平等，不像漢族宗法社會中「妻爲主，妾爲僕」的差別。

　　草原上的蒙古人，以聚族分部的組織形式過著游牧漁獵的氏族生活。部

〔註 144〕　《元史》，卷二〇五，阿合馬傳，4558～4559 頁。
〔註 145〕　參見李治安《元代「常朝」與御前奏聞考辨》，《歷史研究》，2002 年第 5 期。
〔註 146〕　《故宮遺錄》，70 頁。
〔註 147〕　《三朝北盟會編》，卷三，17 頁。
〔註 148〕　《金史》，卷五，本紀第五，海陵紀，96 頁。
〔註 149〕　參見《通制條格校注》，卷四，戶令，嫁娶。
〔註 150〕　（英）道森《出使蒙古記》，8 頁，中國社會科學出版社，1983 年。

落首領的營帳位居於部落中央，入口朝南，比其他營帳大得多，稱作「斡耳朵」。〔註 151〕來自西方的傳教士柏朗嘉賓驚奇地看到拔都（Baatu）的營帳延展數里，在他的行紀中記載道：

> 余始見 Baatu 宮廷之光景，大吃一驚。蓋彼處有多數家屋，（即帳棚）宛如廣大之都會。有長約三四利古（一利古約中國十里）之一大道，往來旁午。而以色列人可張其帳棚於任何禮拜堂之側。塔塔爾人，由車中取下自備之帳棚，可置於任何宮殿之側。彼等國語，稱宮殿為 Horda。Horda 者，中央之意，蓋彼等之總督或首長，必住於其部民之中央故也。宮門開向正南，南面無臣下及下級之人居住。而其左右，在允許地面之範圍內，得自由推廣。故宮殿正面，不見有臣民之住宅。〔註 152〕

草原部落中，「每一個妻子有她自己的帳幕和家屬」，〔註 153〕排列在斡耳朵稍後的左右兩側。在安置住所時，長妻的帳幕紮營時排在最右邊，排在最左邊的是最小的妻子，部民與僕役的營帳安置在這些大斡耳朵的後面。〔註 154〕斡耳朵室內鋪設厚厚的地毯，主人的臥榻放在北邊，前面左右兩側排列著幾排座床，供貴族與賓客列坐，地位再低的人則坐在地毯上。早期的斡耳朵室內空間並無分割，後來則用柱子分出走廊與正廳，正廳後面專門隔出主人的臥室。斡耳朵的帳頂與四壁，或覆以織錦，或襯以貂皮，頂端煙筒四周的氊子繪有各種美麗的圖案。

蒙古民族入主中原後，繼承宋、遼、金的宮殿制度，同時保留著草原習俗。光天殿後寢殿室內「極為明曠」，〔註 155〕內設御榻，「裀褥咸備」，〔註 156〕「四壁冒以絹素，上下畫飛龍舞鳳」，〔註 157〕顯然是對斡耳朵的模仿，具有鮮明的草原特色。

〔註 151〕箭內亙對斡耳朵的不同稱謂與含義做過研究，參見箭內亙《元朝怯薛及斡耳朵考》，上海：商務印書館，1933 年。

〔註 152〕Beazley，The Text and Versions of John de Plato Carpini and Wittian de Rubruquis，p.218，轉引自箭內亙《元朝怯薛及斡耳朵考》，61 頁。

〔註 153〕《出使蒙古記》，18 頁。

〔註 154〕參見《魯布魯克東行紀》，第二章，韃靼人和他們的住所，209～212 頁，中華書局，2002 年。

〔註 155〕《故宮遺錄》，70 頁。

〔註 156〕《南村輟耕錄》，卷二十一，宮闕制度，253 頁。

〔註 157〕《故宮遺錄》，70 頁。

　　元宮寢殿後的夾室，類似斡耳朵中正廳後面主人的臥室。主殿後出抱廈的做法在北宋宮殿中便已出現，稱「龜頭屋」，金代改稱「香閤」，元代俗稱「弩頭殿」。宋、金時寢殿夾室仍有召見從臣商議政事的用途，如《金史》有：「（大定二十六年）十一月戊午，宰相入見於香閤」，〔註158〕「（泰和三年冬十月）壬子，右丞僕散揆至自北邊，丙辰，召至香閤慰勞之。」〔註159〕元代在工字殿的正殿與寢殿召見臣屬，寢殿後夾室僅作正寢，明顯是受斡耳朵的影響。

　　寢殿東、西二夾室，正面比寢殿稍微退後，相當於大汗斡耳朵稍後左右兩側的妻子營帳。按照蒙古「以右為尊」的習俗，西夾為正妻住所，東夾為次妻。元宮工字殿的正殿與柱廊，可以看作斡耳朵正廳的拓展，柱廊不僅作為前後殿堂間的交通聯繫，而且其中可「設小山屏床」〔註160〕，供從臣列坐兩旁，有時也安置皇帝御榻，成為「御前奏聞」的場所。皇帝曾在光天殿與後寢殿間的棕毛柱廊中聽政，柱廊採用寬度68尺重簷的形式是很有可能的，這是元宮工字殿與歷朝不同的特點。

　　將宮院主殿置於院落的幾何中心，是明清時期大型建築群規劃設計普遍採用的手法。北宋汴梁大慶殿、遼南京元和殿與金中都大安殿均偏離院落的幾何中心，元宮主殿相當於一大斡耳朵，具有「中央」的含義，應位於院落中心。由此可見，這一手法可能是元代宮殿的首創，並成為明、清兩朝大型建築群規劃設計思想的濫觴。

〔註158〕《金史》，卷九十二，徒單克寧傳，2049 頁。
〔註159〕《金史》，卷一一，本紀第十一，章宗三，261 頁。
〔註160〕《南村輟耕錄》，卷二十一，宮闕制度，252 頁。

第 4 章　元大都的禮制建築

　　禮制建築是君權神授的象徵，也是政權合法化的標誌。蒙元帝王入主中原後，在大都依照漢法建起禮制建築。《元史・祭祀志》：「元之五禮，皆以國俗行之，惟祭祀稍稽諸古。其郊廟之儀，禮官所考日益詳慎，而舊禮初未嘗廢，豈亦所謂不忘其初者歟。」〔註1〕元代的祭禮，既參照唐、宋、金之舊制，又融入蒙古族祭祀習俗與藏傳佛教的因素，體現著元代不同民族禮儀制度的融合。本章根據文獻記載與歷史地圖，結合今日北京街道胡同的肌理，確定元大都禮制建築的基址規模與建築模式，說明建築基址與大都城市平格網的關係，對元大都禮制建築的特點進行分析，揭示其歷史地位與意義。

4.1　太廟

4.1.1　興建沿革

　　祭禮居五禮之首，祭祀祖先為歷代統治者所重視。蒙古族祖宗祭享之禮帶有濃鬱的民族特色，「割牲、奠馬湩，以蒙古巫祝致辭，蓋國俗也」，〔註2〕亦稱作「燒飯禮」。〔註3〕忽必烈即位後，在漢人儒士的勸說下，借鑒吸收漢

〔註1〕　《元史》，卷72，志第23，祭祀一，1779頁。
〔註2〕　《元史》，卷七十四，志第二十五，祭祀三，宗廟上，1831頁。
〔註3〕　「燒飯」是祭禮之謂，指焚燒祭祀所用酒食，「燒飯禮」通行於契丹、女真、蒙古等北方少數民族，葉子奇載元朝燒飯之俗：「元朝人死，致祭曰燒飯」，《草木子》，卷三下，雜制篇，63頁。關於「燒飯禮」的論述參見蔡志純《元代「燒飯」之禮研究》，《史學月刊》，1984年1月；陳述《論遼、金、元的「燒飯」

民族祭祀制度，中統四年（1263）三月即「詔建太廟於燕京」。〔註4〕大都新城建成後，忽必烈又於至元十四年（1277）八月「詔建太廟於大都」。〔註5〕至元十七年（1280）十二月新的太廟初成，遷燕京太廟神主，並下令「毀舊廟」。〔註6〕

當時，太廟採用「都宮別殿」抑或「同堂異室」之制並無定論。至元十四年（1277）太常博士曾言：「古者廟制率都宮別殿，西漢亦各立廟，東都以中興崇儉，故七室同堂，後世遂不能革」，〔註7〕認為「同堂異室」之制非禮，按「都宮別殿」之制繪出建有七廟的太廟圖。至元十八年（1281）二月，博士李時衍等則認為「欲尊祖宗，當從都宮別殿之制；欲崇儉約，當從同堂異室之制」。〔註8〕最終忽必烈採取同堂異室之制，太廟圖中「東西六廟不須更造」。至元二十一年（1284）三月，太廟正殿建成，奉安神主於其中。

至大二年（1309）春正月，武宗以受尊號恭謝太廟，為元帝親祀太廟之始。英宗至治元年（1321），「命於太廟垣西北建大次殿」，〔註9〕為元帝親祀時止息之所，並採納中書省臣建議，詔議增廣太廟，次年（1322）於原太廟正殿之前別建十五間的大殿，以原正殿為寢殿。至治三年（1323）太廟擴建完成，原太廟之東西欞星門及附屬建築亦隨之南徙。

4.1.2　基址規模

元大都太廟的位置，《析津志》言其「在震位，即青宮」，〔註10〕《順天府志·五》引《元一統志》：「太廟在都城齊化門之北」，符合都城布局「左祖右社」的規制。《元史·祭祀志》云：「太廟東西南開欞星門三，南門外馳道抵齊化門之通衢」，可知太廟位於齊化門內大街（即今朝陽門內大街）以北，南設馳道與之相通。

齊化門內大街以北，元時有穆清、寅賓、仁壽三坊。穆清坊在東，仁壽

之俗》，《歷史研究》，1980 年 5 月；宋德金《「燒飯」瑣議》，《中國史研究》，1983 年 2 月。

〔註4〕　《元史》，卷74，志第25，祭祀三，宗廟上，1831 頁。
〔註5〕　《元史》，卷74，志第25，祭祀三，宗廟上，1833 頁。
〔註6〕　《元史》，卷74，志第25，祭祀三，宗廟上，1835 頁。
〔註7〕　《元史》，卷74，志第25，祭祀三，宗廟上，1833 頁。
〔註8〕　《元史》，卷74，志第25，祭祀三，宗廟上，1835 頁。
〔註9〕　《元史》，卷74，志第25，祭祀三，宗廟上，1837 頁。
〔註10〕　《析津志輯佚》，朝堂公宇，33 頁。

坊在西，三坊以小街（今朝陽門北小街）與集賢街（今東四北大街）爲界。（圖
4.1）《說學集》中記載至元間所創無量壽庵的來歷：「（至元）二十一年，出己
資七百貫買地十畝於太廟之西，作無量壽庵」，[註11] 可知無量壽庵在元大都
太廟之西。《日下舊聞考》言無量庵在「昔之寅賓里，當在今之思誠坊也」，[註
12] 無量庵的位置元時屬寅賓坊，則元大都太廟只能在寅賓坊或穆清坊中，即
今朝陽門內大街以北、朝陽門北大街以西、東四北大街以東的地塊中。

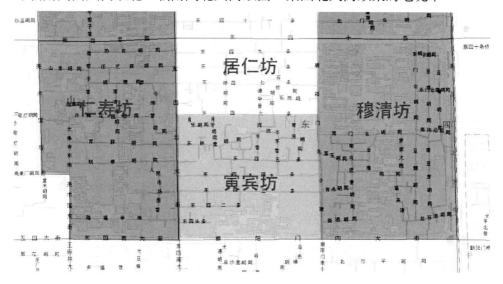

圖 4.1　元大都穆清、寅賓、仁壽三坊範圍

　　從今日北京地圖可以看出，這一地塊中朝陽門北小街以西的區域中胡同
排列相當規則，相鄰兩條胡同中線間距皆爲 50 步，顯爲元大都胡同的遺存，
而朝陽門北小街以東的區域中胡同排列較爲雜亂，說明這裡曾建有較大規模
的建築群，元大都太廟當在此處，即元之穆清坊中。通過觀察朝陽門北小街
以東區域中胡同肌理可以發現，元大都太廟基址範圍很可能西抵南弓匠營胡
同，東抵豆瓣胡同，北至南門倉胡同。太廟南設馳道通齊化門內大街，其基
址南界可能在今燒酒胡同與後石道胡同一線。南門倉胡同以北的地塊應爲元
之北大倉基址。（圖 4.2）中國科學院考古研究所通過考古發掘確定的元大都
太廟故址，恰與上述推斷符合。[註13]

〔註11〕　《說學集》，引自《日下舊聞考》，卷 48，城市，767 頁。
〔註12〕　《日下舊聞考》，卷 48，城市，767 頁。
〔註13〕　參見中國科學院考古研究所《元大都的勘查和發掘》，《考古》，1972 年第 1 期。

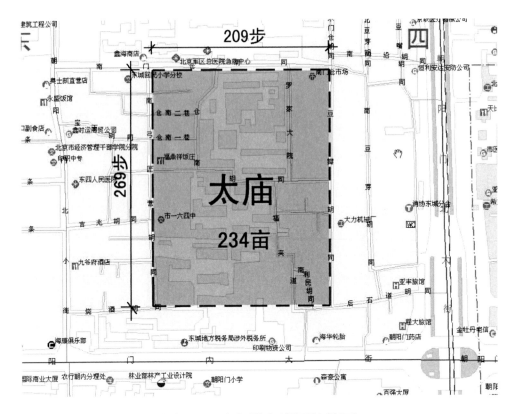

圖4.2　元大都太廟用地範圍

　　在今日北京地圖上可以量得，豆瓣胡同東緣至南弓匠營胡同西緣間的距離爲 329 米，約合元之 209 步，南門倉胡同南緣與燒酒胡同北緣間的距離爲 424 米，約合 269 步。元大都太廟基址東西方向長度爲 209 步，南北方向長度 269 步，基址面積約爲 234 畝。

　　在此基礎上，將細化的大都城市平格網即 11×12.5 步的網格落在太廟基址範圍上，可以看出，太廟基址範圍東西邊界恰在平格網線上。基址範圍南北方向 269 步，如加上胡同 6 步的寬度，則與網格線重合。由此可見，太廟基址範圍受細化的大都城市平格網控制，基址東西邊界與網格線重合，南北兩側各有一東西向胡同，胡同中線均在平格網線上。（圖4.3）

　　根據今日北京胡同肌理與考古報告所確定的元大都太廟基址，當爲至治南展後新太廟的用地範圍。根據《元史・祭祀志》的記載，至治元年（1321）太廟擴建僅將原太廟南垣南徙，東、西、北垣位置並無變化。今日北京東城區燒酒胡同北有一東西向胡同，與燒酒胡同間距爲 81 米，約合元之 51 步，

接近元大都相鄰兩條胡同標準間距 50 步，屬元大都初創時所規劃的胡同，很可能是至元間初創太廟的基址南界。這一胡同東端止於南弓匠營胡同，應為元大都太廟南徙所致。可以推斷，太廟增廣後南垣南徙距離為 50 步，原太廟基址範圍東西 209 步，南北 219 步，基址面積約 190 畝。

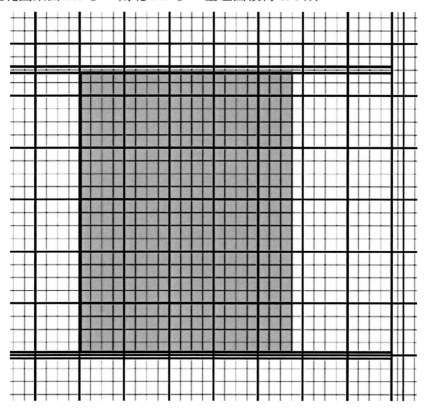

圖 4.3　太廟基址規模與細化的大都城市平格網關係

4.1.3　平面布局

元太廟之平面布局，見於《元史・祭祀志》：

> 至元十七年，新作於大都。前廟後寢。正殿東西七間，南北五間，內分七室。殿陛二成三階，中曰泰階，西曰西階，東曰阼階。寢殿東西五間，南北三間。環以宮城，四隅重屋，號角樓。正南、正東、正西宮門三，各五門，皆號神門。殿下道直東西神門曰橫街，直南門曰通街，甃之。通街兩旁井二，皆覆以亭。宮城外，繚以崇垣。饌幕殿七間，在宮城南門之東，南向。齊班廳五間，在宮城之

東南，西向。省饌殿一間，在東〔宮〕城東門少北，南向。初獻齋
室，在宮城之東，東垣門內少北，西向。其南爲亞終獻、司徒、大
禮使、助奠、七祀獻官等齋室，皆西向。雅樂庫在宮城西南，東向。
法物庫、儀鸞庫在宮城之東北，皆南向。都監局在其東少南，西向。
東垣之內，環築牆垣爲別院。內神廚局五間，在北，南向。井在神
廚之東北，有亭。酒庫三間，在井亭南，西向。祠祭局三間，對神
廚局，北向。院門西向。百官廚五間，在神廚院南，西向。宮城之
南，復爲門，與中神門相值，左右連屋六十餘間，東掩齊班廳，西
值雅樂庫，爲諸執事齋房。築崇墉以環其外，東西南開欞星門三，
門外馳道，抵齊化門之通衢。〔註14〕

至治南展後新制：

> 至治元年，詔議增廣廟制。三年，別建大殿一十五間於今廟前，
> 用今廟爲寢殿，中三間通爲一室，餘十間各爲一室，東西兩旁際牆
> 各留一間，以爲夾室。室皆東西橫闊二丈，南北入深六間，每間二
> 丈。宮城南展後，鑿新井二於殿南，作亭。東南隅、西南隅角樓，
> 南神門、東西神門，饌幕殿、省饌殿、獻官百執事齋室，中南門、
> 齊班廳、雅樂庫、神廚、祠祭等局，皆南徙。建大次殿三間於宮城
> 之西北，東西欞星門亦南徙。東西欞星門之內，鹵簿房四所，通五
> 十間。〔註15〕

至元十七年（1280）所建太廟採取前廟後寢、同堂異室之制。正殿東西七間，
後爲五間的寢殿，其外繞以宮城。宮城四隅各設一角樓，宮城與外垣間布置
饌幕殿、省饌殿、齊班廳、雅樂庫、神廚、祠祭局等附屬建築及別院空間。
宮城北幾無建築，其南設中南門與一橫向院落，可以推知宮城應在太廟基址
範圍內偏北的位置。（圖4.4）

太廟基址東西209步，接近8步的26倍，南北219步，接近10步的21
倍，太廟平面布局中可能亦採用8步×10步的平格網。〔註16〕在太廟平面圖
上，繪出8×10步的平格網。（圖4.5）

〔註14〕《元史》，卷74，志第25，祭祀三，宗廟上，1842～1843頁。

〔註15〕《元史》，卷74，志第25，祭祀三，宗廟上，1843頁。

〔註16〕筆者通過研究發現，元大都主要建築群平面布局多受8步×10步平格網控
　　　　制，參見第6章第3節：姜東成《元大都孔廟、國子學的建築模式與基址規
　　　　模探析》，《故宮博物院院刊》，2007年第2期。

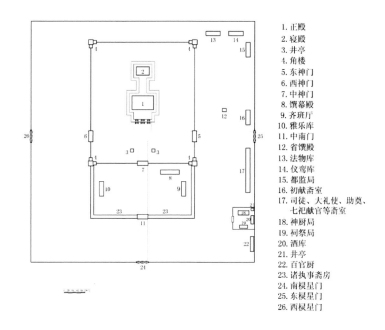

1. 正殿
2. 寢殿
3. 井亭
4. 角楼
5. 东神门
6. 西神门
7. 中神门
8. 馔幕殿
9. 齐班厅
10. 雅乐库
11. 中南门
12. 省馔殿
13. 法物库
14. 仪鸾库
15. 都监局
16. 初献斋室
17. 司徒、大礼使、助奠、
　　七祀献官等斋室
18. 神厨局
19. 祠祭局
20. 酒库
21. 井亭
22. 百官厨
23. 诸执事斋房
24. 南棂星门
25. 东棂星门
26. 西棂星门

圖 4.4　至元十七年（1280）所建太廟平面圖

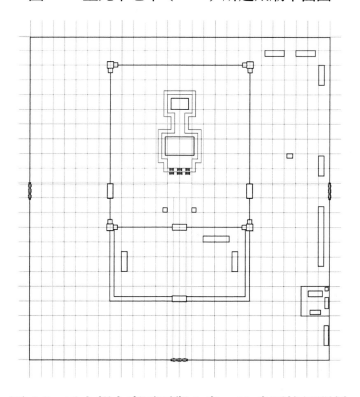

圖 4.5　元大都太廟平面與 8 步×10 步平格網關係

　　至治三年（1323）在原太廟正殿前建成十五間的大殿，面闊 300 尺，進深 120 尺。殿內分十一室，奉安列聖神主，東、西盡間爲夾室。將原太廟正殿改作寢殿，保持前廟後寢的格局。於宮城西北建三間的大次殿，作爲元帝親祀時止息之所。宮城南展後，神門、欞星門及附屬建築、院落亦隨之南徙，東西欞星門內新建鹵簿房五十間。（圖 4.6）

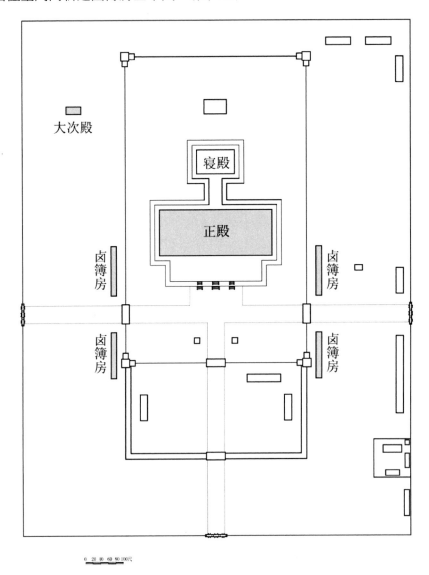

大次殿

寢殿

正殿

鹵簿房

鹵簿房

鹵簿房

鹵簿房

0　20 40　60 80 100尺

圖 4.6　至治南徙後太廟平面圖（灰色建築為新增）

4.1.4　祭祀制度

太廟的祭禮有嚴格的規定，《禮記・中庸》：「宗廟之禮，所以序昭穆也」，宋儒論昭穆分班之禮說：「昭居左爲陽，穆居右爲陰」，〔註17〕太祖的神主居中南向，其餘的神主按昭穆順序分列太祖左右，左昭右穆、父昭子穆爲中原王朝宗廟制度的不祧之規。《元史・祭祀志》記載大德十一年（1307）武宗即位時太廟的昭穆次序：

> （大德）十一年，武宗即位，追尊皇考爲皇帝，廟號順宗。太祖室居中，睿宗西第一室，世祖西第二室，裕宗西第三室，順宗東第一室，成宗東第二室。〔註18〕

順宗爲裕宗次子，成宗爲裕宗第三子，位置卻在裕宗之左，與中原王朝宗廟之禮明顯有別。泰定元年（1324）中書省臣提出更換神主次序的建議：

> 世祖皇帝始建太廟。太祖皇帝居中南向，睿宗、世祖、裕宗神主以次祔西室，順宗、成宗、武宗、仁宗以次祔東室。邇者集賢、翰林、太常諸臣言，國朝建太廟遵古制。古尚左，今尊者居右爲少屈，非所以示後世。太祖皇帝居中南向，宜奉睿宗皇帝神主祔左一室，世祖祔右一室，裕宗祔睿宗室之左。顯宗、順宗、成宗兄弟也，以次祔世祖室之右，武宗、仁宗亦兄弟也，以祔裕宗室之左，英宗祔成宗室之右……從之。〔註19〕

由此可見，泰定朝之前太廟神主尊者居右，泰定元年（1324）按漢族傳統的昭穆之序重新排列，兄弟共處一室亦爲漢法。

元帝親祀太廟的享儀，分爲八項，茲概述如下：

（1）祭祀前七日齋戒，散齋四日，之後致齋三日，「其二日於大明殿，一日於大次」。〔註20〕

（2）祀前三日布置各項陳設，包括大次、小次、版位、御洗位、亞終獻位等。

（3）祀前一日，所司在崇天門外備法駕鹵簿，太僕卿在大明門外備玉輅。祀日皇帝出齋室，車駕出宮，教坊樂前引，將至太廟降輅，乘輿入就大次。

〔註17〕 秦蕙田《五禮通考》，卷59，宗廟制度，轉引自趙克生《明朝嘉靖時期國家祭禮改制》，社會科學文獻出版社，2006年，29頁。

〔註18〕 《元史》，卷74，志第25，祭祀三，1836頁。

〔註19〕 《元史》，卷74，志第25，祭祀三，1841頁。

〔註20〕 《元史》，卷74，志第25，祭祀三，1847頁。

（4）祀前一日未後三刻，有司以牲就位，視滌祭器。蒙古巫祝致詞後，省饌，割牲，烹牲。

（5）祀日丑前五刻，皇帝出大次，至西神門外執鎮圭入門。禮儀使前導，引皇帝入詣太祖神座前，皇帝以鬯祼地，以瓚受奉瓚官，出戶外褥位，再拜。以次祼鬯各室，皇帝還小次，釋鎮圭，此即「晨祼」之儀。

（6）太官令率齋郎詣饌幕，將牲體置於盤，太官丞率七祀齋郎奉饌升殿，跪奠於七祀神座前，太官令復率割牲官詣各室，進割牲體置於俎上，此即「進饌」之儀。

（7）皇帝酌獻於太廟各室。

（8）車駕還宮。〔註21〕

清人萬斯同在《廟製圖考》中發現元代太廟祭儀與前代不同之處有三：一是「宋以前神主率用栗木，元始易黃金」，二是「自元以前，廟室皆西上以次而東，至是始以中爲上」，三是按傳統當爲左昭右穆，而元代卻是右昭左穆，萬氏對此指責道「此何禮乎」。〔註22〕黃時鑒則認爲元代廟制還有兩個重要的特徵，即蒙古祭禮和雙重廟號。〔註23〕筆者認爲，元代祭禮在以上特徵之外，還吸收了藏傳佛教的因素。

元代太廟神主經歷了由木質向金質的演變，是與太廟祭祖儀式中引入藏傳佛教超薦之禮密不可分的。至元三年（1266）所用神主乃劉秉忠「考古制爲之」，〔註24〕「主及匱跌皆用栗木」。〔註25〕而至元六年（1269）「國師奉旨造木質金表牌位十有六，亦號神主」，〔註26〕此後元代太廟中皆用此金表神主。至元六年（1269）恰值忽必烈召請八思巴由藏地回燕京，對其委以重任。至元七年（1270）即尊封八思巴爲帝師，統領全國釋教，同年十二月，「命國師僧薦佛事於太廟七晝夜」，〔註27〕是爲太廟薦佛事之始，此後祭祖儀式就與

〔註21〕參見《元史》，卷74，志第25，祭祀三，1847～1855頁。

〔註22〕（清）萬斯同《廟製圖考》，轉引自黃時鑒《元朝廟制的二元性特徵》，中國元史研究會編《元史論叢》，第五輯，中國社會科學出版社，1993年8月，131頁。

〔註23〕參見黃時鑒《元朝廟制的二元性特徵》，中國元史研究會編《元史論叢》，第五輯。

〔註24〕《元史》，卷74，志第25，祭祀三，1843頁。

〔註25〕《元史》，卷74，志第25，祭祀三，1844頁。

〔註26〕《元史》，卷74，志第25，祭祀三，1844頁。

〔註27〕《元史》，卷74，志第25，祭祀三，1832頁。

佛事活動聯繫起來。太廟本爲遵照漢法而建，由漢族儒士主持祭祀，將藏傳佛教引入太廟，說明世祖對藏傳佛教崇奉日深，同時借西僧的勢力牽制漢族儒士。藏傳佛教尙金，藏傳佛教增益法的法器多用金黃色，元代太廟改用金表神主無疑受到藏傳佛教的影響。

　　元代的祭禮，除雜糅藏傳佛教的因素外，還融入蒙古族祭祀禮俗，這在祭品與祭儀上都有鮮明的體現，「其祖宗祭享之禮，割牲、奠馬湩，以蒙古巫祝致辭，蓋國俗也」。〔註28〕致祭物品除常饌外，增有馬湩、葡萄酒、西域湯餅、獐、鹿、黃羊、野馬、天鵝、野雞、塔剌不花等，〔註29〕充滿濃濃的草原氣息。至元七年（1270）世祖「敕宗廟祝文書以國字」，〔註30〕祭祀時「雅樂先進，國朝樂後進」，〔註31〕蒙古族音樂與漢族雅樂並用。蒙古巫祝充任司祀監官，宣讀祭祀祝文，「升詣第一座，呼帝后神諱」，並「以次詣諸室」，是祭祀活動中的主持者。禮畢，以割牲之餘撒在南欞星門外，名「拋攞茶飯」，這些都是與漢族傳統祭儀不同之處。

　　神主的排列次序，是歷代禮官們爭論不休的問題。周、漢禮官堅持神主以中爲上，晉、宋以來則以西爲上，宋代太廟採用同堂異室之制，亦以西爲上，但爭議頗多。〔註32〕由此可見，元代廟室以中爲上並非首創，而是遵循周、漢古禮，並影響到明、清廟制。〔註33〕而元代廟室右昭左穆是蒙古族尙右禮俗的體現，泰定元年（1324）調整神主位次，恢復左昭右穆的漢族傳統廟制，可見萬斯同的指責並未注意到此一變化。

　　綜上所述，元代太廟依漢法而設，祭祀活動中又融入蒙古禮俗與藏傳佛教的色彩，蒙古巫覡實際充當祭祀活動的主持者與監督者，從元代太廟祭禮

〔註28〕《元史》，卷74，志第25，祭祀三，1831頁。

〔註29〕參見《元史》，卷74，志第25，祭祀三，牲齋庶品，1845～1846頁。

〔註30〕《元史》，卷74，志第25，祭祀三，1832頁。

〔註31〕《析津志輯佚》，歲紀，213頁。

〔註32〕宋儒何洵直論昭穆分班之禮時，推舉晉孫毓與唐賈公彥之說，認爲「始祖居中，三昭在左，南面西上，三穆在右，南而東上」，朱熹亦認爲宋代廟制以西爲上未合於古，應以始祖之廟居中。宋代雖然神主排列以西爲上，但「中上」說在理論上佔了上風，參見高榮盛《元代祭禮三題》，《南京大學學報》，2000年第6期。

〔註33〕《明史》：「明初作四親廟於宮城東南，各爲一廟。皇高祖居中，皇曾祖東第一，皇祖西第一，皇考東第二，皆南向」，卷51，志第27，禮五，1313頁，明初神主即以中爲上。清代廟制亦以太祖居中，參見《清史稿》，卷86，志第61，禮五。

中可以清楚地看到漢、蒙、藏三種文化因素的綜合影響。此外，元廷在皇城東北禁近之地設燒飯園，具有家廟的性質，每歲遣蒙古官僚偕巫覡以國俗舊禮進行祭祖活動，本文將在後面的章節展開論述。

4.2　社稷壇

4.2.1　基址規模與平面布局

至元七年（1270）十二月，世祖下令按漢族禮制「歲祀太社太稷」。〔註34〕至元三十年（1293）按「左祖右社」之制，在大都城西、和義門內少南築社稷壇。社稷壇之制度，見於《元史・祭祀志》：

> （至元）三十年正月，始用御史中丞崔彧言，於和義門內少南，得地四十畝，爲壇垣，近南爲二壇，壇高五丈，方廣如之。社東稷西，相去約五丈。社壇土用青赤白黑四色，依方位築之，中間實以常土，上以黃土覆之。築必堅實，依方面以五色泥飾之。四面當中，各設一陛道。其廣一丈，亦各依方色。稷壇一如社壇之制，惟土不用五色，其上四周純用一色黃土。壇皆北向，立北墉於社壇之北，以磚爲之，飾以黃泥；瘞坎二於稷壇之北，少西，深足容物。
>
> 二壇周圍墻垣，以磚爲之，高五丈，廣三十丈，四隅連飾。內墻垣櫺星門四所，外垣櫺星門二所，每所門三，列戟二十有四。外墻內北垣下屋七間，南望二壇，以備風雨，曰望祀堂。堂東屋五間，連廡三間，曰齊班廳。廳之南，西向屋八間，曰獻官幕。又南，西向屋三間，曰院官齋所。又其南，屋十間，自北而南，曰祠祭局，曰儀鸞庫，曰法物庫，曰都監庫，曰雅樂庫。又其南，北向屋三間，曰百官廚。外垣南門西墻垣西南，北向屋三間，曰太樂署。其西，東向屋三間，曰樂工房。又其北，北向屋一間，曰饌幕殿。又北，南向屋三間，曰饌幕。又北稍東，南向門一間。院內南，南向屋三間，曰神廚。東向屋三間，曰酒庫。近北少卻，東向屋三間，曰儀牲房。井有亭。望祀堂後自西而東，南向屋九間，曰執事齋郎房。自

〔註34〕《元史》，卷76，志第27，祭祀五，1879頁。

北折而南，西向屋九間，曰監祭執事房。此壇壝次舍之所也。〔註35〕

　　元大都社稷壇位於和義門內偏南，和義門即今西直門的位置，元大都社稷壇應在今西直門內大街以南的地塊中，且鄰近大街。社稷壇基址規模 40 畝，基址南北方向長度必然突破一條胡同的限制。從《乾隆京城全圖》中可以看出，西直門內大街以南臨街的地塊中，僅北草廠胡同與西直門南小街間無橫貫東西的胡同，可以斷定元大都社稷壇應在今西直門內大街以南、北草廠胡同以西、西直門南小街以東、前半壁街以北的地塊中。（圖 4.7）

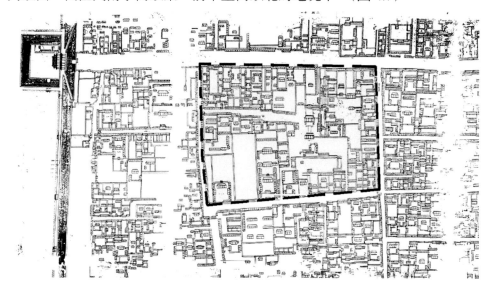

圖 4.7　《乾隆京城全圖》中元代社稷壇舊址位置

　　從今日北京地圖上量得，這一地塊南北方向長度約為 227 米，合 144 步，如按元大都胡同標準間距 50 步計，其間可容兩條胡同。從《乾隆京城全圖》中可以看出，這一地塊內民宅布置較為雜亂，顯見此地原有較大規模的建築群。地塊中僅後半壁街為東西走向，其北緣距西直門內大街南緣 74 米。74 米約合元代 47 步，可以推斷這條胡同元季已存，元大都社稷壇應在此胡同以南，即今前、後半壁街之間的位置，基址南北方向長度為 97 步。社稷壇基址規模 40 畝，其東西方向長度約為 99 步。根據《乾隆京城全圖》中民宅分佈情況，可以大致確定元大都社稷壇基址範圍。社稷壇北當以馳道與和義門內大街相連，祭祀路線由北門而入。（圖 4.8）

〔註35〕　《元史》，卷 76，志第 27，祭祀五，太社太稷，1879～1880 頁。

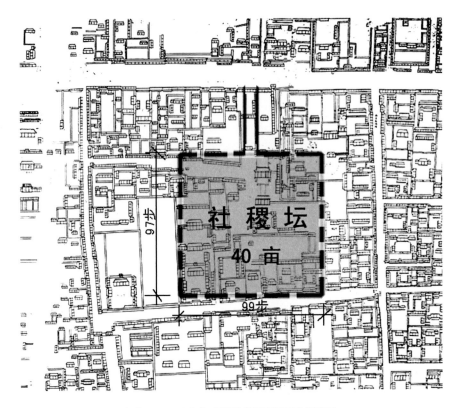

圖 4.8　元大都社稷壇用地範圍

　　元大都社稷壇採用「同壝異壇」的分祀形制。按《元史‧祭祀志》的說法，「壇高五丈，方廣如之」，而《元史‧世祖紀》載：「（至元二十九年秋七月）壬申，建社稷和義門內，壇各方五丈，高五尺」，〔註36〕兩處所記壇高有異。《元史‧祭祀志》「先農」條載農、蠶二壇制度：「二壇之式與社稷同，縱廣一十步，高五尺」，〔註37〕《永樂大典》卷 2042 錄太常集禮稱社稷壇「壇之制，高五尺，方廣十之」，道光本亦作「壇高五尺，方廣十之」，〔註38〕可證《元史‧祭祀志》中所記「五丈」爲「五尺」之誤，太社、太稷二壇平面皆爲邊長 5 丈的方形，高度 5 尺，二壇間距 5 丈。

　　社稷壇共兩道壝垣，內壝垣廣 30 丈。從「社東稷西，相去約五丈」的記載，可以推斷社壇與稷壇應位於同一內壝垣內，社壇東側、稷壇西側距內壝

〔註36〕《元史》，卷 17，本紀第 17，世祖十四，365 頁。
〔註37〕《元史》，卷 76，志第 27，祭祀五，先農，1891 頁。
〔註38〕《永樂大典》，卷 2042，轉引自《元史》卷七十六，校勘記，一，1905 頁。

垣各 7.5 丈。內壇「四隅連飾」，即壇垣四角各設一座角樓。〔註39〕此外，內
壇四面與外壇南、北周垣各有一座三間的櫺星門。

　　外壇內設望祀堂、齊班廳、饌幕殿、廚庫等附屬建築，從《元史・祭祀
志》所載建築布局來看，這些附屬建築大多位於內壇以北，因而內壇以北的
空間應較南側更大。壇垣以北的前導空間，作為進入祭祀空間前的過渡與緩
衝。（圖4.9）

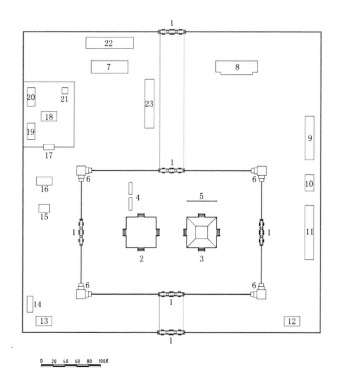

1. 棂星门
2. 稷坛
3. 社坛
4. 瘗坎
5. 北埠
6. 角楼
7. 望祀堂
8. 齐班厅
9. 献官幕
10. 院官斋所
11. 祠祭局、仪鸾库、法物库、都监库、雅乐库
12. 百官厨
13. 太乐署
14. 乐工房
15. 饌幕殿
16. 饌幕
17. 南门
18. 神厨
19. 酒库
20. 牺牲房
21. 井亭
22. 执事斋郎房
23. 监祭执事房

圖 4.9　社稷壇平面圖

4.2.2　祭祀制度

　　《元史・祭祀志》對元室祭祀社稷之儀記載頗詳，共分六項活動，茲略
述如下：

〔註39〕《大唐郊祀錄》與《宋史・禮志》所載社稷壇制度，皆言壇外墻垣四隅連飾
　　　　浮思，「如廟之制」，可知《元史》此處記載亦為連飾浮思之義，參見《大唐
　　　　郊祀錄》，卷八，祭大社大稷，《大唐開元禮》，785 頁；《宋史》，卷 102，志
　　　　第 55，禮五，2483 頁。

（1）祀前一日，有司告諭坊市，灑掃經行衢路，並設香案。祀日質明有司奉御香、尊酒、馬湩由大明門正門出，教坊大樂作，至社稷壇北神門外下馬，三獻官奉香、酒及馬湩置於望祀堂黃羅幕下，是謂「迎香」儀。

（2）祀前三日，有司詣中書省讀誓，散齋二日，致齋一日。

（3）祀前二日在社稷壇設兵衛、登歌之樂，祀前一日在壇上近南的位置設太社、太稷神位，北向，后土、后稷神座分別設於太社、太稷神座之左，東向。祀日丑前五刻，有司在壇上設正配位神位版，陳玉幣及常饌。

（4）祀前一日未後二刻，掃除壇之上下，視滌濯，告潔，告充，牽牲詣廚，割牲，烹牲。此即「省牲器」之儀。

（5）有司奉盤血、玉幣由西階升壇，瘞血於坎，有司奉毛血豆進奠於神位前，此謂「奠玉幣」儀。

（6）有司引進饌者奉正配位之饌，自西神門入，跪奠於神座前。瘞玉及幣等，燔祝版。此即「進熟」之儀。〔註40〕

從元代皇家祭祀社稷的儀式可以看出，祭禮既有對唐、宋制度的因襲，又有不同於前代的特色，如「迎香」之禮即前代所未見，奉香、酒、馬湩亦為前代所無，體現著鮮明的草原禮俗。

4.2.3　規制沿革

自古以來，歷代帝王皆重視社稷之祀，國都均立有社稷壇。《大唐郊祀錄》載唐代太社太稷壇的規制：

> 其壇在皇城含光門內道西，大稷在大社之西，其制廣五丈，五色土為之，稷壇如社之制。……其社稷四面宮垣華飾，各依方色，面各一屋三門，每門二十四戟，四隅皆連飾浮思，如廟之制。其中樹槐，其壇三分宮之一，在南無屋。〔註41〕

《宋史·禮志》載宋代規制：

> 社稷，自京師至州縣，皆有其祀。歲以春秋二月仲月及臘日祭太社、太稷。州縣則春秋二祭……太社壇廣五丈，高五尺，五色土為之。稷壇在西，如其制。……四面宮垣飾以方色，面各一屋，三門，每門二十四戟，四隅連飾采思，如廟之制，中植以槐。其壇三

〔註40〕參見《元史》，卷76，志第27，祭祀五，1882～1890頁。
〔註41〕《大唐郊祀錄》，卷8，祭大社大稷，《大唐開元禮》，785頁。

分宮之一，在南，無屋。〔註42〕

由此可見，唐、宋太社、太稷壇的建築規制完全相同。社稷二壇均廣五丈、高五尺，稷壇在社壇之西。外壝「各依方色」，四隅飾以浮思。元大都社稷壇沿襲唐、宋之制，基址規模亦當相近。《明史·禮志》載明代社稷壇規制：

> 太社稷壇，在宮城西南，東西峙，明初建。廣五丈，高五尺，四出陛，皆五級。壇土五色隨其方，黃土覆之。壇相去五丈，壇南皆樹松。二壇同一壝，方廣三十丈，高五尺，甃磚，四門飾色隨其方。周垣四門，南靈星門三，北戟門五，東西戟門三。戟門各列戟二十四。〔註43〕

《明史》中這段關於社稷壇制度的記錄是根據《明太祖實錄》吳元年（1367）八月癸丑所載寫成，反映明初南京社稷壇建築形制。明初南京社稷壇採用「二壇同一壝」之制，壝垣方廣30丈，《鳳陽新書》載明中都壝垣：「太社壇，在闕門之右，太稷壇，在太社壇之右」，〔註44〕亦為社、稷同壝分壇之制。前文已證中都皇城、宮城建築規制完全仿傚元大都，並影響到明南京大內宮殿之制。由此似可推測明中都社稷壇的規制與元大都相同，壝垣方廣30丈，二壇各廣5丈，而明代南京「制度皆如舊」，〔註45〕沿襲明中都之制，因而社稷壇的規制亦與元大都相同，直至洪武十年（1377）改社稷共一壇，太社、太稷始由分祀變為合祀。〔註46〕由此可見，元大都社稷壇的規制具有承前啟後的地位。

社稷祭祀具有廣泛的社會性，自京師至州縣皆有其祀。至元十一年（1274）元廷頒佈諸路社稷壇儀式，至元十六年（1279）中書省作《至元州郡通禮》，對郡縣社稷壇壝垣、祭器制度、祀祭儀式作出規定，元貞二年（1296）進一步規定郡縣社稷壇置於城西南，「方廣視太社、太稷，殺其半」，〔註47〕二壇平面均為邊長2.5丈的方形，壇壝的基址規模為太社、太稷壇的1／4，即10畝左右，遠遜於太社、太稷壇。

〔註42〕《宋史》，卷102，志第55，禮五，2483～2484頁。

〔註43〕《明史》，卷47，志第23，禮一，1228頁。

〔註44〕《鳳陽新書》，卷三，轉引自王劍英《明中都研究》，127頁，中國青年出版社，2005年。

〔註45〕《明太祖實錄》，卷115。

〔註46〕《明史》：「洪武十年改壇午門右，社稷共一壇，為二成」，卷四十七，志第二十三，禮一，1228～1229頁。

〔註47〕《元史》，卷76，志第27，祭祀五，郡縣社稷，1901頁。

4.3 南郊

4.3.1 興建沿革

蒙古族自古就有拜天的習俗。〔註48〕至元十二年（1275），「以受尊號，遣使豫告天地，下太常檢討唐、宋、金舊儀，於國陽麗正門東南七里建祭臺，設昊天上帝、皇地祇位二」，〔註49〕此後凡大典禮皆於南郊告謝。至元三十一年（1294）成宗即位之初即在世祖所建祭臺舊址創建祭壇，合祭昊天上帝、皇地祇與五方帝。〔註50〕至大二年（1309）南郊祭祀始以太祖皇帝配享，〔註51〕圜丘壇以青繩代一成，爲四成之制，以容從祀版位。大德九年（1305）新議祭壇形制，重建圜丘壇，《元史》記載這次改制的原因：

> 中書省臣言：「前代郊祀，以祖宗配享。臣等議：今始行郊禮，
> 專祀昊天爲宜。」詔依所議行之。〔註52〕

大德九年（1305）翰林、集賢、太常三院禮官在中書省集議，認爲合祭天地始於西漢元始間，爲王莽定制，不足取法，按周禮之制將南郊之祀改爲專祀昊天上帝，新建的圜丘壇爲「三成、四陛、二壝」之制，〔註53〕終元之世再無改作。

元大都南郊壇的位置，《元史‧成宗本紀》云在「麗正、文明門之南丙位」，〔註54〕與《元史‧祭祀志》中「麗正門東南七里」的記載是一致的。元代 1 里合 240 步，合 378 米，郊壇在麗正門東南 2646 米之地。元大都麗正門的位置在今天安門南東西長安街稍南，以此爲圓心、以 2646 米爲半徑作圓可以發現，元大都的南郊壇恰在今日天壇的位置。元代南郊佔地 308 畝，〔註55〕遠小於明清

〔註48〕《元史》：「元興朔漠，代有拜天之禮」，卷七十二，志第二十三，祭祀一，郊祀上，1781 頁。

〔註49〕《元史》，卷 72，志第 23，祭祀一，郊祀上，1781 頁。

〔註50〕《元史》，卷 72，志第 23，祭祀一，郊祀上，1781 頁。

〔註51〕《元史》：「（至大二年十一月）乙酉，尚書省及太常禮儀院言：『郊祀者，國之大禮。今南郊之禮已行而未備，北郊之禮尚未舉行。今年冬至祀天南郊，請以太祖皇帝配；明年夏至祀地北郊，請以世祖皇帝配。』制可」，卷 23，本紀第 23，武宗二，519 頁。

〔註52〕《元史》，卷 21，本紀第 21，成宗四，463 頁。

〔註53〕《元史》，卷 72，志第二十三，祭祀一，郊祀上，1782～1784 頁。

〔註54〕《元史》，卷 21，本紀第 21，成宗四，464 頁。

〔註55〕《元史》，卷 72，志第 23，祭祀一，郊祀上，1793 頁。

天壇的規模，說明明代天壇是在元大都南郊的基礎上擴建而成的。〔註56〕

4.3.2　基址規模與平面布局

《元史·祭祀志》中記載南郊壇的建築形制：

壇壝：地在麗正門外丙位，凡三百八畝有奇。壇三成，每成高
八尺一寸，上成縱橫五丈，中成十丈，下成十五丈。四陛午貫地子
午卯酉四位陛十有二級。外設二壝。內壝去壇二十五步，外壝去內
壝五十四步。壝各四門，外垣南櫺星門三，東西櫺星門各一。圜壇
周圍上下俱護以甓，內外壝各高五尺，壝四面各有門三，俱塗以赤。
至大三年冬至，以三成不足以容從祀版位，以青繩代一成。繩二百，
各長二十五尺，以足四成之制。〔註57〕

南郊壇在麗正門外東南，基址規模爲 308 畝。圜丘分三層，直徑分別爲 5 丈、
10 丈、15 丈。每層高 8.1 尺，合乾陽九九之數，總高度爲 24.3 尺。圜丘上、
中二層東、西、南、北四個方向皆出陛，下層唯正南方向設陛階貫地，每陛
12 級。至大三年（1310）因三層樓面容納不下從祀版位，以青繩代一層，乃
爲四成之制。

圜丘外設兩道壝牆。壝牆的形狀，史籍無載，推斷當與前代相同。據唐
長安城圜丘遺址發掘報告，「在距圜丘第一層臺壁 36.4～40.6 米之處，均發現
生土有受過重壓的現象。……據此我們進而推測，距離圜丘 36.4～40.6 米之
處，曾有過一圓形牆體建築。從距離上分析，這一建築極可能就是《大唐郊
祀錄》等文獻中屢次提及的『內壝』（矮牆）」，〔註58〕可見唐代圜丘外的內壝
爲圓形。《宋史·禮志》云「國朝郊壇率循唐舊」，〔註59〕宋代圜丘之內壝牆
亦應爲圓形。金代南郊壇「參校唐、宋故典沿革」〔註60〕，內壝平面同樣應
爲圓形。元之南郊壇「檢討唐、宋、金舊儀」，可以推斷圜丘外之內壝爲圓形。

〔註56〕 姜舜源亦持同樣的觀點，認爲「永樂所謂建北京天壇，很可能是對元之舊有
　　　　 略事改造，其地址即現存祈年殿一區，而現圜丘一區則是嘉靖時新拓」，參見
　　　　 姜舜源《天壇史地考略》，《故宮博物院院刊》，2000 年第 6 期，31 頁。
〔註57〕 《元史》，卷 72，志第 23，祭祀一，郊祀上，1793 頁。
〔註58〕 中國社會科學院考古研究所西安唐城工作隊《陝西西安唐長安城圜丘遺址的
　　　　 發掘》，《考古》，2000 年第 7 期，41 頁。
〔註59〕 《宋史》，卷九十九，志第五十二，禮志二，2434 頁。
〔註60〕 《金史》，卷二十七，之第九，禮志一，郊，691 頁。

　　圓丘下層檯面直徑為 15 丈，合 30 步。內壝距圓丘下層臺壁 25 步，可知內
壝直徑為 80 步。《周易‧繫辭上》云：「天一，地二；天三，地四；天五，地六；
天七，地八；天九，地十」，〔註61〕五為天數中位，「天數二十有五」，〔註62〕
25 步為五五之數，內壝作圓形，均象徵天圓之義。外壝距內壝 54 步，為六九
乾坤之數，外壝很可能為方形，與圓形內壝構成「外方內圓」的形制，象徵天
地陰陽相交。設外壝為方，其邊長為 188 步，外壝以內的面積為 147.3 畝，遠
小於南郊壇 308 畝的基址規模，說明外壝之外仍有外垣，外壝與外垣間的較大
空間內布置各類附屬建築。《元史‧祭祀志》對南郊壇之附屬建築有如下記載：

> 燎壇在外壝內丙巳之位，高一丈二尺，四方各一丈，周圍亦護
> 以甓，東西南三出陛，開上南出戶，上方六尺，深可容柴。香殿三
> 間，在外壝南門之外，少西，南向。饌幕殿五間，在外壝南門之外，
> 少東，南向。省饌殿一間，在外壝東門之外，少北，南向。

> 外壝之東南為別院。內神廚五間，南向；祠祭局三間，北向；
> 酒庫三間，西向。獻官齋房二十間，在神廚南垣之外，西向。外壝
> 南門之外，為中神門五間，諸執事齋房六十間以翼之，皆北向。兩
> 翼端皆有垣，以抵東西周垣，各為門，以便出入。齊班廳五間，在
> 獻官齋房之前，西向。儀鸞局三間，法物庫三間，都監庫五間，在
> 外垣內之西北隅，皆西向。雅樂庫十間，在外垣西門之內，少南，
> 東向。演樂堂七間，在外垣內之西南隅，東向。獻官廚三間，在外
> 垣內之東南隅，西向。滌養犧牲所，在外垣南門之外，少東，西向。
> 內犧牲房三間，南向。〔註63〕

根據這段文字，我們可以大致瞭解南郊壇附屬建築的布置。外壝內東南方向
設燎壇，為邊長 1 丈的方形平面。外壝之外為外垣，外垣南設三座欞星門，
東西各一。外壝南門之外有五間的中神門與香殿、饌幕殿，中神門兩側設六
十間執事齋房。外壝東南有神廚、酒庫、獻官齋房、獻官廚、齊班廳等建築，
西南有雅樂庫、演樂堂，西北為儀鸞局、法物庫、都監庫三座建築，東北僅
有一間省饌殿。由此可以推斷外壝南部空間較大，圓丘在南郊壇偏北的位置。
外壝東西兩側建築寥寥，外垣平面很可能呈南北方向略長的長方形。

〔註61〕《周易正義》，卷七，兼義卷第七，《十三經注疏》，286 頁，北京大學出版社，
　　　　1999 年 12 月。

〔註62〕《周易正義》，卷七，兼義卷第七，《十三經注疏》，281 頁。

〔註63〕《元史》，卷七十二，志第二十三，祭祀一，郊祀上，1793～1794 頁。

外壇與外垣均為方形,法象地,其間距當用地數。設東西周垣與外壇東西兩側的距離均為 24 步,即四六之數,則外垣東西方向長度為 236 步。南郊壇基址規模 308 畝,南北方向長度為 313 步。設北垣距外壇北界的長度亦為 24 步,則外壇南界至南垣間距離為 101 步。中神門兩側六十間執事齋房抵外垣東西兩端,按每間齋房開間為 3.5 步計,執事齋房總面闊為 210 步。中神門五間按明次間各 3.5 步、盡間 2 步計,中神門面闊 14.5 步。這樣,執事齋房東西兩端距東西周垣的距離均為 5.75 步,尺度是較為合宜的。

至此,我們可以繪出南郊壇平面復原圖。(圖 4.10)

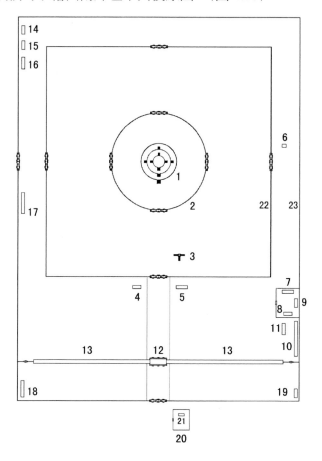

圖 4.10　南郊壇平面圖

1.圓丘;2.內壇;3.燎壇;4.香殿;5.饌幕殿;6.省饌殿;7.神廚;8.祠祭局;9.酒庫;10.獻官齋房;11.齊班廳;12.中神門;13.諸執事齋房;14.儀鸞局;15.法物庫;16.都監庫;17.雅樂庫;18.演樂堂;19.獻官廚;20.滌養犧牲所;21.犧牲房;22.外壇;23.外垣

4.3.3　祭祀制度

元代雖於建國之初即設南郊，但史籍所載元帝中僅文宗、順帝親郊，〔註64〕故《元史》謂南郊之禮「皆攝事也」，〔註65〕這與中原王朝歷代帝王多親祭郊壇明顯不同。元帝郊祀之儀，可分爲十項，略述如下：

（1）祀前七日齋戒，散齋四日，致齋三日。致齋前一日，尚舍監在大明殿西序色御幄。致齋之日，諸衛勒所部屯門列仗，文武四品以上官員俱公服詣別殿奉迎。

（2）祀前二日告配，即「攝太尉與太常禮儀院官恭詣太廟」，〔註66〕奉告太祖之室。

（3）祀前一日，車駕出宮，侍祠官兩行序立於崇天門外，皇帝出齋室，即御座，至郊壇南欞星門入大次前。〔註67〕

（4）祀前三日，尚舍監在外壝西門外道北設大次，內壝西門外道南設小次，並設黃道胭褥等。

（5）祀前一日未後二刻，郊祀令率其屬掃除圜丘壇，未後三刻省牲器，牽牲詣廚。

（6）祀前一日未後三刻，獻官諸執事在外壝西南隙地習儀。

（7）祀日丑前五刻，太常卿在神座設燭，太史令、郊祀令升昊天上帝位及配位。

（8）皇帝出次，行祭酒進饌之儀。

（9）皇帝還大次，禮直官引攝太尉以下監祭禮詣望燎位，行望燎之儀。

（10）車駕還宮。皇帝出次，在欞星門外降輿乘馬，車駕動，教坊樂鼓吹振作，至欞星門外眾官下馬，駕入崇天門至大明門外，降馬升輿以入。〔註68〕

以上爲皇帝親祀南郊的禮儀，而太尉攝祀之儀分爲九項，與皇帝親祀略有區別，祀前二日「迎香」之禮爲皇帝親祀所無。元代郊祀之禮與中原王朝

〔註64〕參見《元史》，卷41，本紀第41，順帝四，869頁；《元史》，卷72，志第23，祭祀一，1791頁。

〔註65〕《元史》，卷72，志第23，祭祀一，1792頁。

〔註66〕《元史》，卷73，志第24，祭祀二，1806頁。

〔註67〕《元史》：「宋會要前祀三日，儀鸞司帥其屬，設大次於外壝東門之內道北，南向；小次於午階之東，西向」，卷72，志第23，祭祀一，1789頁。

〔註68〕參見《元史》，卷73，志第24，祭祀二，1805～1813頁。

大致相同，都有齋戒、配享、省牲器、三獻、燎瘞等項，但又摻雜國俗舊禮，如取馬首貯於盤、三祭酒而有馬湩等都是與中原祭禮不同的地方。

4.3.4　規制沿革

《元史》稱元之南郊壇「檢討唐、宋、金舊儀」而建，下文將元南郊壇與唐、宋、金南郊壇之建築制度進行對照，以便加深對其性質與特點的認識。

唐代圜丘壇之建築形制，《大唐郊祀錄》、《舊唐書》、《新唐書》中均有記載。《大唐郊祀錄》卷四：

> 其圜丘長安在明德門外東南二里，洛陽在定鼎門外午橋南二里，皆準古儀巳地之制。其丘四成，各高八尺一寸，下成廣二十丈，再成廣十五丈，三成廣十丈，四成廣五丈。〔註69〕

《舊唐書》卷二十一：

> 其壇在京城明德門外道東二里。壇制四成，各高八尺一寸，下成廣二十丈，再成廣十五丈，三成廣十丈，四成廣五丈。〔註70〕

《新唐書》卷十二：

> 四成，而成高八尺一寸，下成廣二十丈，而五減之，至於五丈，而十有二陛者，圜丘也。〔註71〕

可以看到，唐代圜丘壇共四層，每層高 8.1 尺，總高度 32.4 尺。各層直徑分別為 20 丈、15 丈、10 丈、5 丈，按 5 丈的級差遞減，每層均設 12 階階。

北宋東京的圜丘壇位於南薰門外，宋初圜丘壇為「四成、十二陛、三壝」，並「設燎壇於內壝之外丙地」，〔註72〕建築形制「率循唐禮」。〔註73〕徽宗政和三年（1113）有司討論南郊壇壝之制：

> （政和三年）十月，禮制局言：「壇舊制四成，一成二十丈，再成十五丈，三成十丈，四成五丈，成高八尺一寸；十有二陛，陛十有二級；三壝，二十五步。古所謂地上圜丘、澤中方丘，皆因地

〔註69〕《大唐郊祀錄》，卷 4，祀禮一，《大唐開元禮》，758 頁，民族出版社，2000年 5 月。

〔註70〕《舊唐書》，卷 21，志第 1，禮儀一，820 頁。

〔註71〕《新唐書》，卷 12，志第 2，禮樂二，325 頁。

〔註72〕《宋史》，卷 99，志第 52，禮二，2433 頁。

〔註73〕《宋史》，卷 99，志第 52，禮二，2434 頁。

形之自然。王者建國，或無自然之丘，則於郊澤吉土以兆壇位。爲壇之制，當用陽數，今定爲壇三成，一成用九九之數，廣八十一丈，再成用六九之數，廣五十四丈，三成用三九之數，廣二十七丈；每成高二十七尺，三成總二百七十有六，乾之策也。爲三壝，壝三十六步，亦乾之策也。成與壝俱三，參天地之數也。」詔行之。〔註74〕

從這段記載可知，北宋初年所建圜丘壇共分四層，各層直徑分別爲 20 丈、15 丈、10 丈和 5 丈，每層高度均爲 8.1 尺，每層沿圓周設 12 條陛道。政和三年（1113）新建的圜丘壇共三層，各層直徑分別爲 81 丈、54 丈和 27 丈，每層高度均 27 尺，可見北宋末年新建的圜丘壇規模是相當大的，孟元老《東京夢華錄》對這座圜丘壇也有記載：

三更，駕詣郊壇行禮。有三重壝牆。……壇高三層七十二級，壇面方圓三丈許，有四踏道。正南曰午階，東曰卯階，西曰酉階，北曰子階。〔註75〕

孟元老是北宋末期人，所記圜丘壇當爲政和三年（1113）後新建之壇。壇面方圓 3 丈，與《宋史》所載的尺度相去甚遠，疑爲「三十丈」之誤。但其所記圜丘壇的形制具有寶貴的史料價值，從中可知北宋末期所建的圜丘壇爲「三成、四陛、三壝」之制。《金史》載金代南郊壇之制：

南郊壇，在豐宜門外，當闕之巳地。圜壇三成，成十二陛，各按辰位。壝牆三匝，四面各三門。齋宮東北，廚庫在南。壇、壝皆以赤土圬之。〔註76〕

可見金代南郊壇爲「三成、十二陛、三壝」的形制。

由此可見，自北宋政和三年（1113）郊壇改制後，圜丘壇由唐代的四層改爲三層，以合乾策。北宋末年所建圜丘壇四陛，外設三道壝牆。元大都圜丘壇借鑒政和三年之制，同樣爲「三成四陛」的形式，但尺度上卻更接近唐與宋初，最上層壇面直徑 5 丈，以下各層壇面的直徑按 5 丈的極差遞增，而「二壝」則是元代首創。元大都圜丘壇「三成、四陛、二壝」之制參考借鑒「唐、宋、金舊儀」，並爲明、清兩朝所沿用。

〔註74〕《宋史》，卷 99，志第 52，禮二，2434 頁。

〔註75〕（宋）孟元老《東京夢華錄全譯》，貴陽人民出版社，1998 年 7 月，249 頁。

〔註76〕《金史》，卷 28，志第 9，禮一，693 頁。

4.4　其他祭壇建築

4.4.1　先農壇、先蠶壇

中國古代是以農爲本的社會，祭祀先農的活動由來已久。相傳周代即有籍田，天子、諸侯每年春耕前都要來此躬耕。後世帝王大多沿襲這一傳統，並建農、蠶二壇祭祀先農與先蠶，向天下傳達重農務本、勸課農桑之意。

元朝起自朔漠，入主中原後繼承了漢族王朝祭祀先農、先蠶的傳統。至元九年（1272）世祖「命祭先農如祭社之儀」，〔註77〕爲元代祭祀先農之始。武宗至大三年（1310）建先農、先蠶二壇，《元史·祭祀志》載：

> 先農之祀，始自至元九年二月。……武宗至大三年夏四月，從大司農請，建農、蠶二壇。博士議：二壇之式與社稷同，縱廣一十步，高五尺，四出陛，外牆相去二十五步，每方有櫺星門；今先農、先蠶位在籍田內，若立外牆，恐妨千畝，其外牆勿築。〔註78〕

從這段記載可知，元大都先農、先蠶二壇的位置在籍田內。《元史·河渠志》中記錄了元大都壩閘之名，其中「籍東閘二，在都城東南王家莊」，〔註79〕成宗元貞元年（1295）七月，「籍東閘改名慶豐」。〔註80〕慶豐閘，俗稱「二閘」，位於今北京東便門外朝陽區廠坡村，《析津志》言其「在籍田東」，〔註81〕故元大都籍田應在今北京東便門與廠坡村之間。先農、先蠶二壇在籍田內，位置在元大都城外東南。

二壇平面均爲邊長 10 步的方形，壇高 5 尺，與社、稷壇相同。因建於籍田中，故不設外牆。

4.4.2　風、雨、雷師壇

中國古代常進行祭祀風、雨、雷神的活動，以取悅天神，祈求風調雨順，五穀豐登。元世祖忽必烈重視對漢地諸神的祭祀，《元史》載：

〔註77〕《元史》，卷 76，志第 27，祭祀五，先農，1891 頁。
〔註78〕《元史》，卷七十六，志第二十七，祭祀五，先農，1891 頁。
〔註79〕《元史》，卷六十四，志第十六，河渠一，1589 頁。
〔註80〕《元史》，卷六十四，志第十六，河渠一，1589 頁。
〔註81〕《析津志輯佚》，河閘橋樑，95 頁。

風、雨、雷師之祀，自至元七年十二月，大司農請於立春後丑

日，祭風師於東北郊；立夏后申日，祭雷、雨師於西南郊。仁宗延

祐五年，乃即二郊定立壇壝之制，其儀注闕。〔註82〕

《元典章》載至元八年正月中書省所呈奏議：

自古春秋二仲戊日祭大社稷於西南隅，立春後丑日祭風師於東

北郊，立夏后申日祭雨師、雷師於西南郊。今年隨處官府廢此祀事，

合無照依舊例降行。〔註83〕

至元七年（1270）始於郊外祭祀風雨雷師，延祐五年（1318）方立壇壝。祭

祀風師之壇立於東北郊，祭祀雷師、雨師之壇在西南郊，惜壇壝形制史籍闕

載，已無從得知了。

4.4.3　五福太乙神壇

太乙神壇建於成宗大德元年（1297）。〔註84〕壇址明代改作重華宮，清初

爲睿親王府，康熙三十三年（1694）改建瑪哈噶喇廟，乾隆四十一年（1776）

賜名普度寺。〔註85〕《乾隆京城全圖》中繪有此寺，其地在今南池子小學的

位置。從《乾隆京城全圖》中這一地塊內胡同分佈來看，清代普度寺的基址

可能僅爲元代太乙神壇基址北部，今日普度寺前巷與普度寺東、西巷南口的

胡同「丁」字相交，今普度寺前巷可能爲元代太乙神壇入口前的弛道，其與

普度寺東、西巷南口的胡同的交接點應爲元代太乙神壇入口的位置。元大都

皇城南垣在今東、西華門一線，其前凸出的一段在今午門前東西一線，元大

都太乙神壇的位置在皇城東南。

據此，可以確定元代太乙神壇的基址範圍爲：南抵普度寺東、西巷南口

的東西向胡同，東抵普度寺東巷，西抵普度寺西巷，北抵普度寺西巷北口東

西一線。從今日北京地圖上量得這一地塊東西 99 米，約合元代 63 步，南北

268 米，約合 170 步，元大都五福太乙神壇時的基址規模約爲 45 畝。

〔註82〕《元史》，卷七十六，至第二十七，祭祀五，風雨雷師，1903 頁。

〔註83〕《元典章》，禮部，祭祀，祭社稷風雨例，四庫全書存目叢書，史 263 冊，594

頁，齊魯書社，1996 年。

〔註84〕《元史》：「（大德元年春正月）建五福太乙神壇時」，卷 19，本紀第 19，成宗

二，408 頁。

〔註85〕《日下舊聞考》，卷 40，皇城，634 頁。

4.4.4　雲仙臺

雲仙臺立於至元三十一年（1294），[註86]是祭祀紫微星的地方，在皇城西南與太乙神壇對稱的位置，即今勤勞胡同附近。雲仙臺明代改爲御用監，清代淪爲民居，胡同排列雜亂，元代雲仙臺基址範圍無法辨認，基址規模當與太乙神壇相去不遠，亦在 45 畝左右。

此外，武宗至大三年（1310）與仁宗延祐元年（1314）禮官曾提出立北郊以祭地之議，[註87]但「帝謙遜未遑」，[註88]終元之世未設北郊。根據以上分析，將元大都禮制建築位置、始建時間與基址規模列表如 4.1。

表 4.1　元大都禮制建築表

建築名稱	始建時間	位置	今地	基址規模（元畝）
太廟	1277	齊化門通衢北	朝陽門內大街北	234
社稷壇	1293	和義門內少南	西直門內大街南	40
南郊	1275	麗正門外東南七里	天壇	308
先農、先蠶壇	1310	籍田內	東便門與廠坡村間	
風師壇	1318	東北郊		
雷師、雨師壇	1318	西南郊		
五福太乙神壇	1297	皇城東南	普度寺前巷北	45
雲仙臺	1294	皇城西南	勤勞胡同附近	45

4.5　小結

「元興朔漠，代有拜天之禮」，[註89]在蒙古人的觀念中，天具有無上的神性，世間的一切活動均需聽命於天。「其常談必曰託著長生天底氣力，皇帝

〔註86〕《元史》：「（至元三十一年五月）庚申，祭紫微星於雲仙臺」，卷18，本紀第18，成宗一，383頁。

〔註87〕《元史》：「（至大三年）今擬取坤數用六之義，去都城北六里，於壬地選擇善地，於中爲方壇，三成四陛，外爲三壝。仍依古制，自外壝之外，治四面稍令低下，以應澤中之制。宮室、牆圍、器皿，色並用黃。其再成八角八陛，非古制，難用」，卷72，志23，祭祀一，1784～1785頁。《元史》：「仁宗延祐元年夏四月丁亥，太常寺臣請立北郊」，卷72，志23，祭祀一，1785頁。

〔註88〕《元史》，卷72，志第23，祭祀一，1785頁。

〔註89〕《元史》，卷72，志第23，祭祀一，1781頁。

底福蔭。彼所欲爲之事，則曰天教恁地，人所已爲之事，則曰天識著。無一
事不歸之天，自韃主至其民無不然」。〔註90〕長生天觀念定型後，日月崇拜也
讓位給天神崇拜。蒙古族對天的祭祀活動由來已久。成吉思汗曾在不兒罕山
避難，向長生天灑奠祝禱，並要求子子孫孫傚仿，〔註91〕憲宗二年（1252）
用登歌樂祀昊天上帝於日月山，忽必烈也在憲宗七年（1257）之秋「躬祀天
於桓州之西北」，「其意幽深古遠，報本反始，出於自然，而非強爲之也」。〔註
92〕蒙古人的地神崇拜則與祖先崇拜相伴的。在蒙古氏族社會中，每一個氏族
都有其地神和祖神作爲守護靈，地神與祖神經常合祭。〔註93〕演變到後來，
地神崇拜逐漸納入祖神崇拜的體系之中。〔註94〕天神崇拜與祖先崇拜是蒙古
族信仰的兩大系統，天神地位至高無上，祖神的地位則漸漸凌駕地神之上。

　　蒙古族入主中原後，爲取得漢族士人的認同，確立政權的合法性，依照
漢法在大都城內及城邊建起八處禮制建築。從這些禮制建築的基址規模與始
建時間上，可以清楚地看到不同的祭祀對象在等級上的差別。其中，南郊壇
的建立時間最早，基址規模達 308 畝，遠超過其他禮制建築模。太廟的建設
晚於南郊壇兩年，基址規模 234 畝，僅次於南郊壇。祭祀社、稷二神的社稷
壇則遲至至元三十年（1293）方得動工，基址規模僅 40 畝，遠小於南郊壇、
社稷壇的規模。

　　歷代中原王朝國都北郊均設的祭祀皇地祇的方丘壇，有元一代始終未
設，〔註95〕當與蒙古族合祭祖神、地神的觀念有關。同樣的，元大都亦無祭
祀日、月的朝日、夕月二壇，無疑是因爲蒙古族太陽、月亮崇拜業已納入長
生天崇拜系統之中，南郊祭天也意味著對日、月神的祭祀。五福太乙神壇位
於皇城東南毗鄰大內之地，與唐、宋不同。〔註96〕太乙神是漢族崇奉的天神，

〔註90〕王國維《黑韃事略箋證》，文殿閣書莊，1936 年，73 頁。
〔註91〕參見《蒙古秘史》，第 103 節。
〔註92〕《元史》，卷 72，志第 23，祭祀一，1781 頁。
〔註93〕參見羽藤秀利《成吉思汗建國當時の宗教形相》，轉引自胡其德《十二三世紀
　　　　蒙古族的宗教信仰》，《禮俗與宗教》，中國大百科全書出版社，2005 年 4 月。
〔註94〕胡其德《十二三世紀蒙古族的宗教信仰》，《禮俗與宗教》，298 頁。
〔註95〕《元史》：「至大間，大臣議立北郊而中輟，遂廢不講」，卷 72，志第 23，祭
　　　　祀一，1779 頁。
〔註96〕《宋史》：「太一九宮神位，在國門之東郊」，卷 103，志第 56，禮六，2506
　　　　頁，北宋東京的太一神壇位於朝陽門外，在都城東郊，宋承唐制，唐長安的
　　　　太一神壇亦設於東郊。

並非蒙古族的神。蒙古可汗拜天拜日面向東南方，將漢族天神的方位設於東南，是因應蒙古舊俗、贏得蒙元帝王信奉的一種策略。

值得注意的是，元代祭天、祭祖的場所均有多處。元代實行兩都制，每年春夏元帝都會帶大批官員北幸上都，直至八月草將枯時才回大都。在蒙古族的觀念裏，山是天地交會之處，元帝每年在上都附近的山按蒙古習俗祭祀天、地、祖神，「歲以七月七日或九日，天子與後素服望祭北方陵園，奠馬酒，執事者皆世臣子弟」。〔註97〕元代詩人薩都剌曾隨行上都，描述皇室祭祀情狀道：「祭天馬酒灑平野，沙際風來草亦香。白馬如雲向西北，紫駝銀甕宴諸王」。〔註98〕即便在大都，除太廟之外，皇城東北的燒飯園也是固定舉行祭祖、祭地活動的場所。「燒飯師婆以國語祝祈，遍灑渾酪酒物。以火燒所祭之肉，而祝語甚詳」，〔註99〕燒飯園內的祭祀活動全依國俗舊禮，其地與大內僅一牆之隔，足見元帝對蒙古族祭禮的重視。〔註100〕此外，元大都敕建佛寺皆設神御殿，供奉累朝御容，國師時常在神御殿作佛事爲先帝薦福。〔註101〕

在按漢法而建的南郊壇、太廟與社稷壇中，祭祀活動也雜糅蒙古禮俗，太廟祭祀中甚至引入藏傳佛教的因素，並由蒙古巫覡充任祭祀活動的實際主持者，這是極爲獨特的現象。元朝諸帝親祀南郊、太廟次數之少，亦爲歷朝稀有。由此可見，元代皇家祭祀仍以蒙古舊俗爲主，漢族傳統禮法處於從屬地位。在南郊壇、太廟、社稷壇等禮制建築中，漢族的形式與蒙古族的內容亦是互爲表裏的。

〔註97〕　（清）顧嗣立編《元詩選》，初集，轉引自魏堅《元上都及周圍地區考古發現與研究》，《內蒙古文物考古》，1999 年第 2 期，28 頁。
〔註98〕　薩都剌《上京即事》，《薩天錫詩集》，轉引自魏堅《元上都及周圍地區考古發現與研究》，《內蒙古文物考古》，1999 年第 2 期，28 頁。
〔註99〕　《析津志輯佚》，古蹟，115 頁。
〔註100〕　參見第 8 章第 4 節。
〔註101〕　參見第 7 章第 3 節。

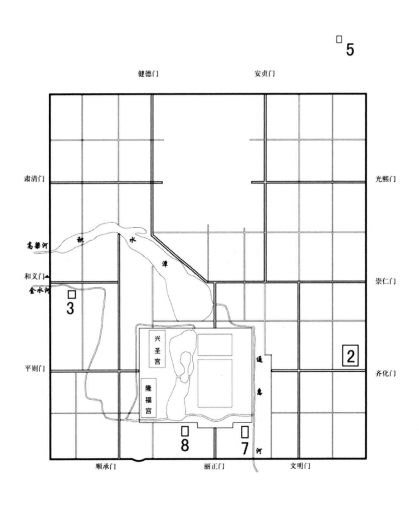

圖 4.11 元大都禮制建築分佈圖

1.南郊；2.太廟；3.社稷壇；4.先農、先蠶壇；5.風師壇；6.雷師、雨師壇；
7.五福太乙神壇；8.雲仙臺

第 5 章　元大都的衙署與倉庫

　　元大都的衙署包括中央行政機構與大都路地方行政機構兩部分，分佈較為分散。元大都的倉庫主要分佈在各城門內。虞集《大都城隍廟碑》云：「至元四年，歲在丁卯，以正月丁未之吉，始城大都，立朝廷、宗廟、社稷、官府、庫庾，以居兆民，辨方正位，井井有序，以為子孫萬世帝王之業」〔註1〕，元大都的衙署與倉庫布局均遵循儒家的星相之說，分佈應有一定規律可循。

　　明永樂遷都北京後，曾利用部分元代舊署作為行政機構所在地，正統後則將中央官署集中於皇城之南，元之舊署至此大多廢棄，析為民居。元代的倉庫明代或有沿用，但大部分已改作其他職能建築。元大都的衙署與倉庫已無地面遺址可資追索，只能根據文獻記載與明清北京城胡同分佈特點進行考察。

　　本章通過文獻與實地踏勘相結合的方法，確定元大都衙署與倉庫的位置，探尋其分佈特點與規律，並進一步確定衙署與倉庫的基址範圍，分析其與大都城市平格網的關係，揭示建築等級與基址規模間的聯繫。

5.1　大都城內的中央行政機構

　　大都城內的中央官署，主要有中書省、樞密院、御史臺及其下屬各機構。與中原王朝行政中央機構相比，元代官制顯得異常雜亂，新設大量的皇室家政機構和官府化的怯薛執事機構，有十五院、十寺、十二監、三司、五府之稱。〔註2〕本節僅對具體位置可以確定的中央官署進行討論。

〔註1〕　虞集《大都城隍廟碑》，轉引自《日下舊聞考》，卷五十。
〔註2〕　參見張帆《回歸與創新》，載吳宗國主編《中國古代官僚政治制度研究》，326
　　　　 ～349頁，北京大學出版社，2004年11月。

5.1.1 中書省

中書省是元朝政府最高行政中樞，負責重大行政事務，下分左、右司，分領吏、戶、禮、兵、刑、工六部。大都城建成後，劉秉忠將中書省衙署置於皇城北面的鳳池坊內，俗稱北省，《析津志》載：

> （至元四年）四月甲子，築內皇城。位置公定方隅，始於新都鳳池坊北立中書省。其地高爽，古木層陰，與公府相爲樾陰，規模宏敞壯麗。奠安以新都之位，置居都堂紫薇垣。〔註3〕

至元七年（1270），建尚書省衙署於皇城南偏東的五雲坊內，專掌財政，與中書省併立，俗稱南省，至元八年（1271）即廢，至元九年（1272）正月並尚書省入中書省。〔註4〕至元二十四年（1287）從桑哥之請「復置尚書省」，〔註5〕將中書省署移至五雲坊內尚書省署，「乃有北省、南省之分」，〔註6〕鳳池坊內中書省原址改稱北省。至元二十九年（1292）再罷尚書省，大德十一年（1307）復遷中書省還歸北省。〔註7〕武宗至大二年（1309）復立尚書省，〔註8〕至大四年（1311）武宗崩後即廢。〔註9〕《析津志》載：

> 於後至順二年七月十九日，中書省奏，奉旨：翰林國史院裏有的文書，依舊北省安置，翰林國史官人就那裡聚會。繇是北省既爲翰林院，尚書省爲中書都堂省固矣。殆與太保劉秉忠所建都堂意自遠矣。〔註10〕

文宗至順二年（1311）將中書省又遷至南省的位置，北省改作翰林國史院，終元之世再無變更。

《析津志》記載中書省「在大內前五雲坊內」，外儀門「近麗正門東城下」〔註11〕，當爲至順二年（1311）後的情況，在今勞動人民文化宮的位置。明初在元中書省（南省）的位置建太廟，元中書省的基址已無法辨析。

〔註3〕《析津志輯佚》，朝堂公宇，8頁。
〔註4〕《元史》，卷205，列傳第92，阿合馬傳，4599頁。
〔註5〕《元史》，卷14，本紀第14，世祖十一，296頁。
〔註6〕《析津志輯佚》，朝堂公宇，8頁。
〔註7〕《元史》，卷22，本紀第22，武宗一，489頁。
〔註8〕《元史》，卷23，本紀第23，武宗二，513頁。
〔註9〕《元史》，卷24，本紀第24，仁宗一，537頁。
〔註10〕《析津志輯佚》，朝堂公宇，8～9頁。
〔註11〕《析津志輯佚》，朝堂公宇，9頁。

翰林國史院即中書北省，位於大都鳳池坊內。鳳池坊「在斜街北」，〔註12〕鐘樓之西，〔註13〕位置在今鼓樓西大街以北，舊鼓樓大街以西，德勝門東大街以南。〔註14〕翰林國史院沿用中書省舊址，規模是比較大的。元大都鳳池坊內可以容納元朝最高行政機構中書省的地塊只有在今小石橋胡同以南，舊鼓樓大街以西，可以確定今小石橋胡同、舊鼓樓大街分別是翰林國史院的北界與東界。小石橋胡同西口南折，這一位置可能是翰林國史院的西界，小石橋胡同西口南北一線與鼓樓西大街的交點，恰在大黑虎胡同南側的胡同東西一線上。（圖 5.1）

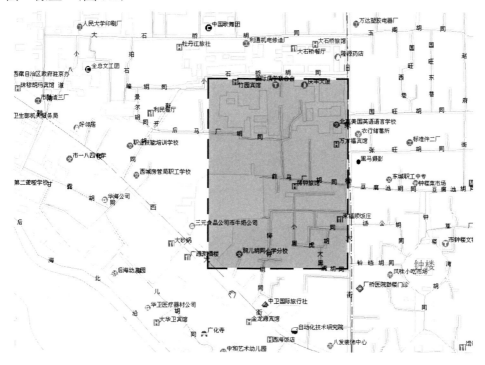

圖 5.1　翰林國史院（中書北省）用地範圍

由此，可以確定元大都翰林國史院的基址四至為：北至小石橋胡同，東至舊鼓樓大街，南至大黑虎胡同南側胡同東西一線，西至小石橋胡同西口南北一線。從今日北京地圖上量得，翰林國史院基址東西 294 米，約合元代 187

〔註12〕《析津志輯佚》，城池街市，3 頁。
〔註13〕《析津志輯佚》：「鐘樓 京師北省東」，古蹟，108 頁。
〔註14〕明代將元大都鳳池坊劃歸日忠坊內，參見張爵《京師五城坊巷胡同集》，「日忠坊」條，19 頁。

步，南北 410 米，約合 260 步。翰林國史院的基址規模約爲 203 畝。將細化的 1 大都城市平格網落在翰林國史院用地範圍上，可以看到，翰林國史院基址東西占 17 平格，南北占 21 個平格，基址邊界都在平格網線上。

根據以上的分析可知，劉秉忠在最初規劃大都時確定中書省的基址規模爲 203 畝。中書省秩正一品，[註15] 至元七年（1270）在五雲坊內所建尙書省同爲正一品，基址規模亦應在 203 畝左右。至順二年（1311）中書省在幾經反覆後復遷至尙書省舊址，終元之世不復變動，可以確定元代中書省（南省）的基址規模約爲 203 畝。而翰林國史院皇慶元年（1312）「升從一品」，[註16] 爲國家一級行政機構，沿用中書北省的基址是符合規制的。

5.1.2 樞密院

樞密院是元朝政府最高軍事指揮機構，負責軍官的任免、軍隊的調動，以及宮廷戒備、邊疆鎮守等軍事要務。記載元大都樞密院位置的材料皆出自《析津志》：

> 保大坊 在樞府北。[註17]
> 樞密院 在東華門過御河之東，保大坊南之大御（街）西。[註18]
> 朝陽橋 在東華門外，俗名樞密院橋。[註19]

根據以上記載，可以得出的結論是：樞密院在保大坊南部，位於保大坊南大街西側、東華門東側，與東華門隔御河相望。御河上有橋名爲朝陽橋，因地近樞密院，故俗稱樞密院橋。元大都保大坊在蓬萊坊南，位置在今亮果廠胡同以南，燈市口西街以北，王府井大街以西，東黃城根南街以東，樞密院在這一地塊內偏南的位置。

從今日北京地圖可以看出，這一地塊中燈市口西街至東廠胡同間並無東西貫通的胡同，很可能爲元代樞密院基址的南北界至。（圖 5.2）[註20] 燈市

[註15]《元史》：「右丞相、左丞相各一員，正一品」，卷85，志第35，百官一，2121頁。

[註16]《元史》，卷87，志第37，百官三，2190頁。

[註17]《析津志輯佚》，城池街市，3頁。

[註18]《析津志輯佚》，朝堂公宇，34頁。

[註19]《析津志輯佚》，河閘橋樑，97頁。

[註20] 徐蘋芳亦持同樣觀點，參見徐蘋芳《元大都樞密院址考》，《慶祝蘇秉琦考古五十五年論文集》，550～554頁，文物出版社，1989年8月。

口西街與東廠胡同間距爲 410 米，約合元代 260 步，東黃城根南街至王府井大街的距離爲 329 米，約合 209 步，元大都樞密院的基址規模約爲 226 畝。將元大都城市平格網落在樞密院基址範圍上，可以看出，樞密院基址規模受平格網控制，基址邊界都落在平格網線上，東西占 19 個平格，南北占 21 個平格。

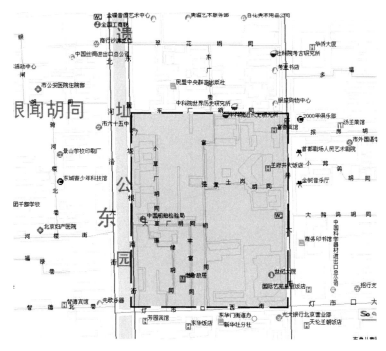

圖 5.2　樞密院用地範圍

樞密院內公堂之西有武成王廟，「以孫武子、張良、管仲、樂毅、諸葛亮以下十人從祀」，〔註21〕每年春秋仲月樞密院官員都在此行禮致祭。明代將元之樞密院改作北平都指揮司使衙門，樞密院內的武成王廟則仍沿用。〔註22〕永樂元年廢北平都指揮使司，在這一地塊西北改建中府草場，劉若愚《酌中志》云：「中府草場即舊都府草場，在東安門外奶子府街，永樂初創，收馬草。傳云是勝國時都督府，故云」，〔註23〕可見明崇禎時人們猶知這裡是元代樞密

〔註21〕《元史》，卷 76，志第 27，祭祀五，1903 頁。
〔註22〕《圖經志書》：「武成王廟在保大坊都指揮使司之西」，轉引自《日下舊聞考》，卷 155，存疑，2496 頁。
〔註23〕《酌中志》，卷 16，北京古籍出版社，2000 年，115 頁。

院的故址。洪武《圖經志書》云：「舊樞密院，角市在南薰、明照二坊」，〔註24〕元大都樞密院角市在樞密院西南，即今燈市口大街西口的位置，在明代南薰坊的東北和明照坊的西南。明代在元代樞密院角市的基礎上，發展爲燈市，「燈市的西口稱爲上角頭，燈市口的東口稱爲下角頭，追根溯源，實出自元樞密院角頭市」。〔註25〕

5.1.3　御史臺

御史臺爲元代最高監察機構，掌糾察百官之職，至元五年（1268）設立。〔註26〕據《析津志》載：

> 國初至元間，朝議於肅清門之東置臺，固有肅清之名。而今之臺乃立爲翰林國史院，後復以爲臺。臺在澄清坊東，哈達門第三巷。轉西有廊房，所□館西南二臺及各道廉訪司，官吏攢報一應事項，謂之臺房。若廣東、廣西、海北、海南道，咸館焉。〔註27〕

由此可見，至元五年（1268）創立的御史臺位於肅清門之東，後遷至澄清坊東、哈達門內第三巷，即原翰林國史院的位置，御史臺西設有臺房。

根據張爵《京師五城坊巷胡同集》的記載，明代的澄清坊在南薰坊東，即今王府井大街以東，東單北大街以西，東長安街以北，燈市口大街以南的地塊，〔註28〕元代澄清坊應與明代一致，元大都御史臺在這一地塊內偏東的位置，與《元一統志》云澄清坊「地近御史臺」是一致的。〔註29〕哈達門即文明門，位置在今崇文門北、東單北大街與東長安街相交處。元大都御史臺在哈達門第三巷，基址南界距哈達門南北方向長度應爲三條胡同的寬度。從今日北京地圖上量得，東單三條與東長安街中線間的距離爲 250 米，約合元之 159 步，其間恰可容下三條胡同，可以確定元大都御史臺基址範圍南界應爲今東單三條北緣。《析津志》載元大都樂善樓「在文明門裏百步，面東，御史臺南」，〔註30〕樂善樓在文明門北百步的位置。御史臺在樂善樓北，距文明

〔註24〕《圖經志書》，轉引自《日下舊聞考》，卷38，京城總紀，603頁。

〔註25〕徐蘋芳《元大都樞密院址考》，《慶祝蘇秉琦考古五十五年論文集》，554頁。

〔註26〕《元史》：「（至元五年七月）立御史臺」，卷6，本紀第6，世祖三，118頁。

〔註27〕《析津志輯佚》，臺諫敘，38頁。

〔註28〕《京師五城坊巷胡同集》，5頁。

〔註29〕《元一統志》，卷1，8頁。

〔註30〕《析津志輯佚》，古蹟，106頁。

門距離應在百步開外，這與上述推論相符。

　　從《乾隆京城全圖》及今日北京這一地塊中街巷分佈情況可以看出，今東單三條與煤渣胡同間並無東西貫通的胡同，御史臺可能位於這兩條胡同間，今校尉胡同西側地塊寬度較窄，且御史臺西側設有廊房，臺址只能在今校尉胡同東側。由此可以大致確定元大都御史臺基址範圍應在今校尉胡同以東，東單北大街以西，東單三條以北，只是基址北界在煤渣胡同或金魚胡同尚難確定，需要根據衙署等級與基址規模的對應關係來確定。

　　元代中書省、樞密院與御史臺分掌政務、軍權與監察之職，構成中央政府的三大系統，級別在中央官署中同為最高。樞密院使秩從一品，御使大夫同為從一品，樞密院與御史臺基址規模亦應相近。從今日北京地圖上量得，校尉胡同東緣至東單北大街西緣間的距離為 326 米，約合元之 207 步。若御史臺基址北界在今煤渣胡同一線，則御史臺基址南北方向長度為 384 米，約合 244 步，御史臺基址規模為 210 畝，較為接近中書省、樞密院的基址規模。而若御史臺基址北界在今金魚胡同一線，則御史臺基址南北方向長度為 539 米，約合 342 步，御史臺基址規模約為 295 畝，超出中書省、樞密院基址規模較多。由此推斷御史臺基址北界應在今煤渣胡同一線，御史臺基址規模為 210 畝。

　　《永樂大典》「御史臺」條下引《燕語考異》云：

　　　　京師省寺皆南向，惟御史臺北向。說者以為隋建御史臺，取其
　　與尚書省便道相近，故唐因之。或云御史臺彈治不法，北向取肅殺
　　之義。〔註31〕

御史臺自隋朝起即為北向，此後歷朝因之，元大都御史臺亦當北向，外儀門應在煤渣胡同附近。《析津志》中記載御史臺內主要建築：

　　　　御史臺　中臺有題名記。外儀門　三門基高五尺，入門之右察院，
　　左殿中司。中儀門　內儀門，正廳，直舍，正堂，東西幕廊。經歷司　照
　　磨、磨事、管勾。右察院、左殿中司、架閣庫、堂倉局。〔註32〕

可見御史臺由三進院落組成，四周繞以廊廡，中軸線上有外儀門、中儀門、內儀門、正廳、正堂，此外還有中司、直舍、經歷司、架閣庫、堂倉局及察院等附屬建築與院落。明代元興，御史臺廢毀，舊址西南改作諸王館，清代又改作信郡王府與豫親王府，1916 年在此建協和醫院，沿用至今。

〔註31〕　《永樂大典》，卷 2606，中華書局，1986 年，1263 頁。
〔註32〕　《析津志輯佚》，臺諫敘，38～39 頁。

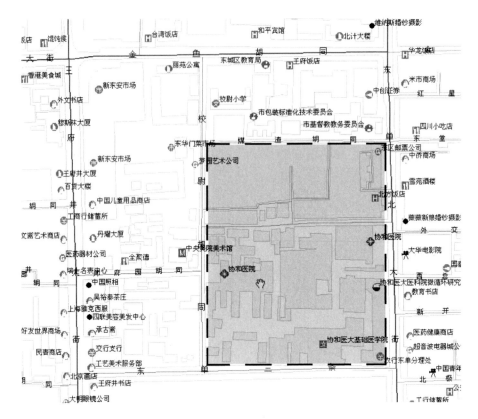

圖 5.3　御史臺用地範圍

5.1.4　太史院

太史院為元代中央官署之一，掌觀測天象、編製曆書等天文曆數等事務。太史院內建有靈臺，即司天臺，臺上設天文儀表。

楊垣《太史院銘》云「（至元）十六年春，擇美地，得都邑東墉下，始治役」，〔註33〕可知太史院位於大都城東城牆下。《析津志》云明時坊「在太史院東」，《元一統志》云明時坊因「地近太史院」而得名，〔註34〕元代明時坊東抵今朝陽門南大街、建國門北大街南北一線，西抵東單北大街，南抵建國門內大街，北抵外交部街、大羊宜賓胡同東西一線，坊界東、南臨元大都南城牆，〔註35〕太史院應在大都城東南角、明時坊內偏西的位置。

〔註33〕《太史院銘》，《元文類》，卷 17，217 頁。
〔註34〕《元一統志》，轉引自《日下舊聞考》，卷三十八。
〔註35〕根據張爵《京師五城坊巷胡同集》，明代明時坊坊界四至為：東抵建國門南、北大街，南抵北京站東街、西街，西抵東單北大街、崇文門內大街，北抵外

　　據《太史院銘》的記載，太史院基址「縱二百步武，橫減四之一」，〔註
36〕即南北 200 步，東西 150 步，基址規模為 125 畝。今日北京地圖中元之澄
清坊的範圍內，僅一處地塊與碑銘所記太史院的基址範圍大致相符，即朝陽
門南小街以西，春雨胡同南北一線以東，建國門內大街北緣以北，新開路胡
同東西一線以南的地塊，這一地塊中並無東西走向的胡同，應即元大都太史
院的基址範圍。（圖 5.4）從地圖上量得太史院基址東西方向 238 米，約合元
代 151 步，南北方向 320 米，約 203 步，與碑銘對太史院基址的記載基本一
致。《太史院銘》載太史院的建築布局：

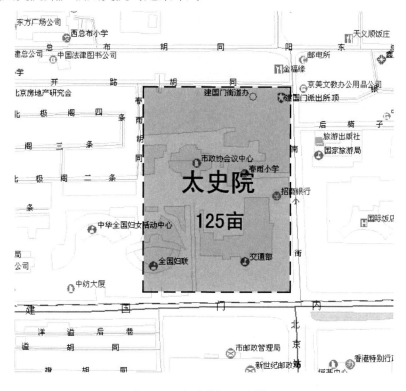

圖 5.4　太史院用地範圍

　　　　中起靈臺，餘七丈，為層三。中下皆周以廡，其下面目中室為
　　　官府，以總聽院政。長曰令，次同知院事，次僉院事，以宰輔之重，
　　　領於上者，無定員。其屬有主事，有令譯史，有干事，有庫局之司，

交部街、大羊宜賓胡同。這一地塊中建國門內大街以南的部分屬明代展拓，
元大都明時坊為明代明時坊在今建國門內大街以北的部分。
〔註36〕《太史院銘》，《元文類》，卷十七。

左右旁室，以會司屬議……凡器用出納，於陰室中層。離室以列景耀，巽室以措水運渾天壺漏，坤室以措渾天象蓋天圖，震兌二室以圖南北異方渾天蓋天之隱見。坎室以位太歲，乾室以貯天文測驗書，艮室以貯古今推算曆法。臺顛設簡仰二儀。正方案數簡儀，下靈臺之左，別爲小臺，際□周廡，以華四外。上指玲瓏渾儀，靈臺之右立高表，表前爲堂，表北敷石圭。圭面刻度景丈尺寸分，圭旁夾以連□可圭。上露天日，爲度景計。靈臺之前東西隅，置印曆工作局。次南神廚算學設位如上。〔註37〕

從這段記載可以看到，元代太史院建築布局以三層的靈臺爲中心，四周繞以廊廡，靈臺內部按八卦方位布置不同用途的房間。靈臺下左側有小臺，右側有堂、石表與石圭，靈臺南東西兩側有印曆工作局，印曆工作局北分別設神廚與算學。

5.2 大都路地方行政機構

5.2.1 大都路總管府

元大都路總管府是大都路地方行政系統的最高衙署，創立於至元二十一年（1284），秩從三品，至元二十七年（1290）「升爲都總管府」，進秩正三品。〔註38〕王構所撰《敕建大都路總治碑》對大都路總管府有如下記載：

翰林學士承旨中奉大夫知制誥兼修國史王構撰集賢大學士榮祿大夫劉賡書榮祿大夫平章政事商議中書省事行太子詹事王泰亨篆額。

至元初聖祖革世侯分治天下總路。丁卯春（至元四年，1267年），既城大都，即以路總京畿，府曰大興，州九，縣二十，司五。民夥事，爲治者凜凜焉。赴期會閱籍伍，□交金穀，臨督繕作，而參理其牘，吏屬百人，供承給辦，無時少休。較之常府，其勞逸萬不相侔。然自乙酉，（至元二十二年，1285年）廓爲宗正據有，而徙之東宮者逾二十寒暑。今皇上至大初元（1308年），敕中書還北省，而六卿所舍，悉如其舊。至假物於民以庇事，再徙迄無定所。監路臣平章政事莫吉

〔註37〕《太史院銘》，《元文類》，卷17，217〜218頁。
〔註38〕《元史》，卷90，志第40，百官六，2300頁。

奏：臣等遷寓靡常，故案山集，幣庾無所於寄，民有訟者，或露處以
決。上諭旨：「汝，京牧也，若此則何以理民？其趣還，市地建立，
不可緩也。」省臣恪承旨訓，再四申飭監臣莫吉、兀都蠻，尹臣德明，
副監臣乞失拉、阿吉達，貳臣乞臺、安理貞等，卜所宜向。乃命左使
孟市靈椿里周姓民居，凡六，其地畝二十不足者一，室楹五十不足者
二，券緡十四萬二千五百贏十六。臣貞、推臣時彥督工，規設甫定，
較引斤削，圬漫漆繢者畢萃，水衡之費，制之有節。而京師耆庶，喜
於見聞，以禮以力，莫不踊躍為之先也。不半歲，路堂、東西廡、推
廳、督幕、掌故之司，儲侍之庫，獄囹庖湢，中屏儀門，以次詑緒。
為楹共百有六，左右院五，楹各十二。修直宏博，？輻輪？敞於中
者，然而，殖然而庭，咸有以揭，而令有以附於傍者；層櫨迭出，飛
棟斜指，鱗錯期間，足以便走趣而赴音響，支離向背，各有攸趣。以
為居第，則無藻敷霞蔚之華，無夷曠清恬之適，廓之僻之，日隨葺之，
以之拱翼皇圖，傳之永久，四方岳牧，於是乎取象而考室焉……明年
己酉（至大二年，1309）春三月既望記。皇慶二年歲次癸丑（1313）
冬十月吉日建。〔註39〕

根據這段記載，可知元大都建城之初即設大都路總管府，自至元二十二年
（1285）公廨為宗正府所佔，大都路總管府遷至東宮之內，武宗朝時又在靈
椿坊新建大都路總管府。大都路總治碑建於皇慶二年（1313），碑文作於至大
二年（1309），說明新建的大都路總管府建設時間應在至大元年（1308）至至
大二年（1309）間。元代的靈椿坊，南至今鼓樓東大街，北至今安定門西大
街，東至今安定門內大街，西至今北鑼鼓巷。《析津志》記靈椿坊「在都府北」，
〔註40〕都府即大都路總管府，大都路總管府應在靈椿坊內偏南的位置。

　　大都路總管府是利用六戶周姓民宅的基址建造的，其中僅一戶住宅基址
不足 20 畝，則另外五戶住宅當為 20 畝或略多，元大都路總管府基址規模應
在 120 畝左右，基址南北方向應遠逾大都城相鄰兩條胡同 44 步的間距。這一
地塊南側今柴棒胡同、車輦店胡同、謝家胡同、分司廳胡同排列規整，間距
都在 79 米即元代 50 步左右，而分司廳胡同至鼓樓東大街間再無東西向的胡
同，可以確定大都路總管府的位置在分司廳胡同與鼓樓東大街之間。（圖 5.5）

〔註39〕《敕建大都路總治碑》，北大圖書館藏《藝風堂金石舊藏》，25737a。
〔註40〕《析津志輯佚》，城池街市，3 頁。

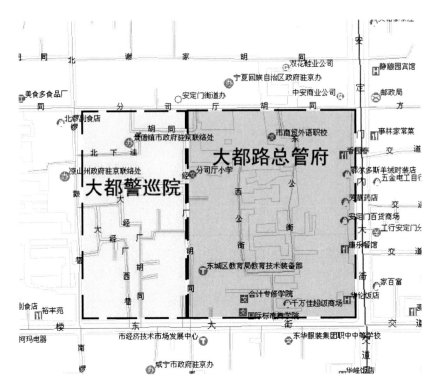

圖 5.5　大都路總管府用地範圍

　　元代靈椿坊在今分司廳胡同以南的部分，以今經廠胡同爲界分爲東西兩塊。在今日北京地圖上量得，經廠胡同以東的地塊南北方向長度爲 330 米，約合 210 步，東西方向 260 米，約合 165 步，這一地塊面積爲 144 畝，與《敕建大都路總治碑》所載情況相符。而經廠胡同以西的地塊東西方向 173 米，約合 110 步，地塊面積約 96 畝。大都路總管府基址包括五戶 20 畝以上的宅基，基址規模不會小於 100 畝，可證大都路總管府應在經廠胡同以西的地塊中。徐蘋芳研究認爲「元大都路總管府署舊址，在今北京市交道口西北，南爲鼓樓東大街，北至分司廳胡同，東爲安定門內大街，西至小經廠胡同」，〔註41〕與筆者的推斷是一致的。在細化的大都城市平格網落在大都路總管府基址範圍上，可以看到基址規模受平格網的控制，南北方向 17 格，東西方向 15 格。

　　元大都路總管府分東、中、西三路，周圍繞以廊廡。中路建築共 106 間，中軸線上的建築使用斗栱，「層櫨迭出」，規格是比較高的。中路兩側分五個

〔註41〕徐蘋芳《元大都路總管府址考》，《饒宗頤學術研討會論文集》，162 頁，香港：翰墨軒出版有限公司，1997 年 11 月。

院落，包括庫房、獄房、廚房、浴室等附屬建築，每一院落建築均爲 12 間。

　　元大都路總管府基址爲明清順天府署沿用。〔註 42〕《乾隆京城全圖》中繪有清代順天府署，基址規模已遠不及大都路總管府。從《乾隆京城全圖》中可以看到，清代順天府署前有「丁」字路，推測清代順天府署基址爲元大都路總管府中路部分，清代順天府的正門在元大都路總管府中儀門的位置，明清順天府署的中軸線與元大都路總管府是一致的。（圖 5.6）

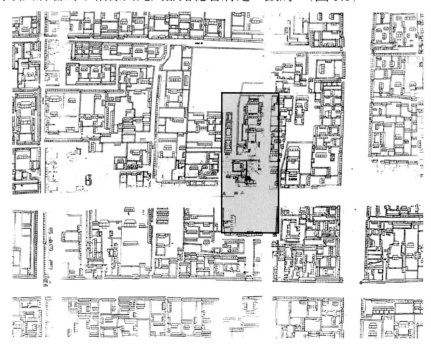

圖 5.6　　《乾隆京城全圖》中順天府署位置

5.2.2　大都警巡院

　　大都警巡院是大都城內治安管理機構，始設於至元十二年（1275），分大都警巡院與左右二院。至元二十四年（1287）省併，只設左右二院，「分領京師城市民事」，〔註 43〕「秩正六品」。〔註 44〕據考古勘查，大都警巡院在大都

〔註 42〕　《日下舊聞考》：「順天府即元大都路總治舊署也」，卷 65，官署，1077 頁，「順天府在地安門外鼓樓東，即元大都路總治舊署，明爲順天府，本朝因之」，卷65，官署，1078 頁。
〔註 43〕　《元一統志》，卷 1，3 頁。
〔註 44〕　《元史》，卷 90，志第 40，百官六，2301 頁。

路總管府西，即元大都靈椿坊在今小經廠胡同以西的部分。大都警巡院的基址四至為：南抵今鼓樓東大街，北至分司廳胡同，東抵小經廠胡同，西抵北鑼鼓巷胡同。（圖 5.5）基址南北 330 米，約 210 步，東西 173 米，約 110 步，基址規模約為 96 畝。

5.3 元大都衙署小結

根據前文的分析，將元大都行政機構始建時間、位置、基址規模與始建時最高官員品秩列表如 5.1。

表 5.1 元大都行政機構表

機構名稱	始建時間	所在坊名或位置	今日位置	基址規模（元畝）	始建時品秩
中書省	1267	五雲坊	勞動人民文化宮	203	正一品
樞密院	至元間	保大坊	燈市口西街北	226	從一品
御史臺	1268	澄清坊	東單三條胡同北	210	從一品
翰林國史院	1311	鳳池坊	小石橋胡同南	203	從一品
太史院	1279	明時坊	建國門內大街北	125	正二品
大都路總管府	1308	靈椿坊	鼓樓東大街北	144	正三品
大都警巡院	1275	靈椿坊	鼓樓東大街北	96	正六品

從表中可以看到，元大都城內行政機構的基址規模與其品秩攸關。中書省、樞密院、御史臺以及翰林國史院的基址規模較為接近，均在 200 畝以上。樞密院與御史臺原則上受制於中書省，但實際上有元一代，省、院、臺三大機構往往並稱。世祖曾言「中書朕左手，樞密朕右手，御史臺是朕醫兩手的」，〔註 45〕將省、院、臺置於同等的地位，是與歷朝不同之處，這從省、院、臺基址規模處於同一等級的現象中可見一斑。

元代的官制設置較中原王朝混亂雜蕪，蒙古族的等級觀念亦較漢族淡薄，對行政機構基址規模的規定應非過苛，如大都路總管府秩正三品，基址規模卻略超正二品的太史院。但總的來看，行政機構的基址規模是與其品秩等級是一致的。

〔註 45〕 （明）葉子奇《草木子》，雜制篇，中華書局，1959 年，61 頁。

劉秉忠在大都城最初規劃時，按堪輿之說確定中樞機構的位置，中書省「分紀於紫微垣之次」，〔註46〕象徵拱衛大內太一星的紫微垣星，樞密院居「武曲星之次」，〔註47〕御史臺則「在左右執法天門上」〔註48〕。中央中樞機構距大內較遠，這一安排是較為不便的。此後省、院、臺三大機構皆遷至大內附近，體現著元大都城市規劃從理念向實用的轉變。

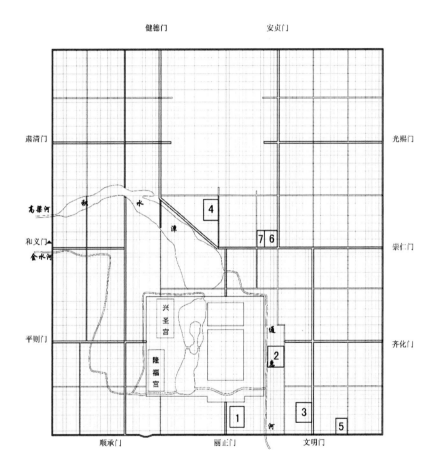

圖 5.7　元大都衙署與城市平格網關係

1.中書省；2.樞密院；3.御史臺；4.翰林國史院（中書北省）；5.太史院；
6.大都路總管府；7.大都警巡院

〔註46〕《析津志輯佚》，朝堂公宇，32頁。
〔註47〕《析津志輯佚》，朝堂公宇，32頁。
〔註48〕《析津志輯佚》，朝堂公宇，33頁。

5.4 元大都的倉庫

蒙古族初入中原，「取貨財，兼土田」，〔註49〕甚至「殺人盈市」，給燕京地區的農業生產造成極大破壞。至元間大都城市人口激增，糧食供應頓顯緊張，米價昂貴。爲平抑糧價，元世祖採納將江南糧食運至京師的建議，「廣開新河」，京師物質「仰給於江南」成爲元代的基本國策。〔註50〕《經世大典》載：「惟我世祖皇帝至元十二年，既平宋，始運江南糧。以河運弗便，至元十九年用丞相伯顏言，初通海道漕運抵直沽，以達京城」，〔註51〕河運與海運是元代運送江南糧食的兩種途徑。

元朝在前代的基礎上整修運河，先後開鑿和修治通惠河（即大都運糧河，從大都至通州）、通州運糧河（從通州南下入大沽河，西接御河）、御河（從今天津南至山東臨清，接會通河）、會通河（從臨清至山東東平）、濟州河（山東東平至濟寧，接泗水，入淮河），一直與南方原有的運河相連接，這樣，海河、黃河、淮河、長江與錢塘江五大水系相互貫通，江南物質源源不斷運至大都。在整修河運的同時，元朝政府又大力發展海運，採取了從長江的崇明附近出海，向東行入黑水大洋，北趨成山（山東半島東部），經渤海南部至界河（海河）口的直沽，再轉運大都的路線。〔註52〕《通制條格‧雜令》收錄一件至元二十九年（1292）的官方文書：「大都裏每年百姓食用的糧食，多一半是客人從迤南御河裏，搬將這裡來賣有」，〔註53〕可見世祖時期大都城糧食供應主要是依靠河運的，而海運大規模發展後，大都城的物質供應則基本依賴海運了。

自江南運至大都城的糧食需設倉場儲存。中統二年（1261）起元廷就開始在燕京地區建設倉場，至皇慶二年（1313）大都城內及城邊共有倉場22處，通州共有倉場16處，《永樂大典》對這些倉場的建設時間與間數都有記載。

史籍中有明確基址規模記載的倉場，唯文明門外之豐裕倉：

> 豐裕倉，至元十九年十月內，於海子岸東胭粉庫置倉厰，倉赤，
> 輪流官領收支。至元二十八年，爲收受江淮財賦府糧斛，倉房窄狹

〔註49〕《元史》，卷146，列傳第33，耶律楚材傳，3456頁。
〔註50〕《元史》，卷93，志第42，食貨一，2364頁。
〔註51〕《經世大典》，漕運，轉引自《永樂大典》，卷15949。
〔註52〕參見陳高華《元大都》，103～105頁。
〔註53〕《通制條格》，卷27，雜令。

疏漏，並文明門外豐裕倉收貯……至治二年例革。天曆二年四月十
六日奏准復立。本倉依前設官，本倉從七，設官三員，大使、副使
從八。攢典二事產，廒房三十間，院地三十三畝七分五釐，門樓一
座。〔註 54〕

豐裕倉位於文明門外，品秩為從七品，廒房 30 間，基址規模 33 畝 7 分 5 釐。
豐裕倉的官員品秩依前而設，基址規模亦當參照先例而定。也就是說，元大
都倉場的基址規模是有規律可循的。

　　倉場內院落及附屬建築的面積占倉場基址規模的比例較小，設倉場的廒
房間數與基址規模成正比，根據豐裕倉間數與基址規模的比例關係，可以計
算出皇慶二年（1313）前大都城內及周邊倉場的基址規模，見表 5.2。

表 5.2　元大都城內及城邊倉場表〔註 55〕

倉名	建倉時間	間數	基址規模（元畝）	倉名	建倉時間	間數	基址規模（元畝）
相應倉	1261	58	64	惟億倉	1289	73	80
千斯倉	1261	82	90	既積倉	1289	58	64
通濟倉	1261	17	19	盈衍倉	1289	56	62
萬斯北倉	1261	73	80	大積倉	1291	58	64
永濟倉	1267	73	80	廣衍倉	1292	65	72
豐實倉	1267	20	22	順濟倉	1292	65	72
廣貯倉	1267	10	11	屢豐倉	1313	80	88
永平倉	1279	80	88	大有倉	1313	80	88
豐潤倉	1279	10	11	積貯倉	1313	60	66
萬斯南倉	1287	83	91	廣濟倉	1313	60	66
既盈倉	1289	82	90	豐穰倉	1313	60	66

　　從表中可以看到，皇慶二年（1313）前元大都倉場的基址規模多在 60～
90 畝間。相應、千斯、通濟、萬斯北四倉建於中統二年（1261），其時大都城
尚未建造，四倉位置應在舊運糧河旁。永濟、豐實、廣貯三倉建於至元四年
（1267），恰值大都初建，而至元中後期大都城內及周邊新建糧倉較多，當因

〔註 54〕《析津志輯佚》，工局倉廩，45～46 頁。
〔註 55〕本表依據《永樂大典》，卷 7511，3397～3398 頁，《元史》，卷 85，志第 35，
　　　　百官一，2131～2132 頁。

大都新城人口猛增糧食需求加大所致。1952 年曾在雍和宮北側出土「都漕運使王德常去思碑」，根據碑文記載，元末大都城內及城邊、通州等地共建有 54 個官倉，〔註 56〕說明皇慶二年（1313）後大都地區倉場續有增置，只是新建倉場的名字已不得而知。

　　元朝大都地區的糧食供應主要靠漕運，所建倉場必然多在水道旁，如至元五年（1268）八月「敕京師瀕河立十倉」等。〔註 57〕自江南北上大都的貨船，到達大都城邊後，可由兩條水道抵達海子：一條是經文明門、麗正門之間入城，沿皇城東牆向北流至皇城東北角西轉，經厚載門東側匯入海子，另一條是經壩河，自光熙門南入城向西駛入海子。通惠河西岸與大都皇城東牆間地塊狹促，不足容納倉場，因而通惠河東岸至大都東城牆間、壩河兩岸以及海子附近遂成為倉場集中的地帶。

　　元大都城門附近設有行用六庫：

　　　　至元二十四年，京師改置庫者三：曰光熙，曰文明，曰順承。

　　因城門之名為額。二十六年，又置三庫：曰健德，曰和義，曰崇仁。

　　並因城門為名。〔註 58〕

元大都行用六庫皆以城門之名為額，可能是由倉場改置而成。改置的時間在至元後期，很可能是因為至元中期大都城內人口猛增，原有的倉場儲量日絀，需要建造規模更大的庫房。

　　元大都的一些倉庫一直沿用至明清時期，根據《乾隆京城全圖》中清代倉場的規模可以反推元時的規模。例如，明代在元代北太倉舊址上建南新倉與舊太倉，清代又增建興平倉與富新倉。《乾隆京城全圖》繪有四倉，在今東門倉胡同以西，南門倉胡同以北，朝陽門北小街以東，北門倉胡同以南的位置，此即元大都北太倉的基址範圍。從今日地圖上量得，這一地塊東西方向 506 米，約合元代 321 步，南北方向 560 米，約合元代 356 步，元大都北太倉的基址規模約為 476 畝。再如，元代的崇仁庫明代改作海運倉，清代沿用，位置在今倉夾道胡同以西，海運倉胡同以北，東直門南小街以東，北新倉胡同以南。基址東西 489 米，約合元代 310 步，南北 374 米，約合元代 237 步，

〔註 56〕《王德常去思碑》，轉引自于光度《北京的官倉》，《北京文物與考古》，第一輯，1983 年，199 頁。

〔註 57〕《元史》，卷 6，本紀第 6，世祖三，119 頁。

〔註 58〕《元史》，卷 85，志第 35，百官一，2129 頁。

元大都崇仁庫基址規模約爲 306 畝。崇仁庫與北太倉都在大都城東城牆內側，距漕運水道較近，基址規模遠大於前文所列諸倉，可能是由最初規劃的倉改置而成。

　　元大都倒鈔庫的位置業已探明，在大都警巡院西側，大天壽萬寧寺的東側。〔註 59〕基址範圍西抵今寶鈔胡同，南抵鼓樓東大街，東抵北鑼鼓巷，北抵華豐胡同南側之胡同，東西 276 米，南北 237 米，基址規模約爲 110 畝。由此可見，元大都倉庫基址規模的差別是比較大的。

〔註59〕參見《元大都的勘查和發掘》，《考古》，1972 年第 1 期。

第6章　元大都的孔廟、國子學

國子學是國家最高教育機構，同時又是文化正統的象徵。北齊首創國子寺，「掌訓教冑子」〔註1〕，隋唐繼承這一做法，更名爲國子監，明確其職能爲「掌邦國儒學訓導之政令」〔註2〕。孔廟是儒家思想文化的象徵。唐代將國子學依附孔廟修建，確立孔廟與儒學結合的「廟學」模式，「凡有學者必有廟，示其尊也」〔註3〕。這一做法在宋代成爲定制，「凡郡邑無不有學，學無不有大成殿」〔註4〕。元朝統治者深諳儒學的教化作用，頒詔免除全國儒士差役，效法前代廟學建築模式，大德三年（1299）在大都新城按「左廟右學」的格局興建孔廟、國子學，至大元年（1308）建成，建築基址被明清兩朝沿用。

武宗即位（1307年）後，加封孔子爲「大成至聖文宣王」〔註5〕，至大二年（1309年），「定制大成至聖文宣王春秋二丁釋奠用太牢」〔註6〕。至順二年（1331年），詔准孔廟四隅建角樓，模仿皇宮規制。元末孔廟祭祀用二十奏，明人瞿九思在考訂前代禮樂時不由得發出「無乃太多乎」的感歎〔註7〕。元代

〔註1〕　《隋書》，卷二十七，志第二十二，百官中，757頁，中華書局，1973年。
〔註2〕　《舊唐書》，卷四十四，志第二十四，職官三，1891頁，中華書局，1975年。
〔註3〕　日本學者牧野修二認爲，廟學以文廟（先聖廟、宣聖廟、孔子廟）爲精神中樞，並依附於文廟而設置儒學，參見牧野修二《論元代廟學書院的規模》，《齊齊哈爾師院學報》，1988年第4期，74～79頁。
〔註4〕　《水雲村稿》，卷三，南安路學大成殿記，357頁，四庫全書本，1195冊。
〔註5〕　《元史》：「（大德十一年七月）辛巳，加封至聖文宣王爲大成至聖文宣王」，卷二十二，本紀第二十二，武宗一，484頁。
〔註6〕　《元史》，卷二十三，本紀第二十三，武宗二，510頁。
〔註7〕　《孔廟禮樂考》，卷四，四庫全書存目叢書，史270冊，435頁，齊魯書社，

帝王對漢族士人安身立命的儒學的尊崇達到空前的高度，其中雖不免粉飾文治、籠絡人心的意圖，但客觀上促進了儒學與教育的發展。

然而，元大都孔廟、國子學的建設卻頗費周折。元代實行「四等人制」，蒙古、色目貴族利用政治上的特權提升本民族文化的地位，標榜自己文化的正統性，這對儒學的道統地位構成極大的挑戰，也是對企圖以儒化夷的漢族士人的沉重打擊。正如蕭啓慶指出的元代是「最具世界性與民族文化多元性的時代」〔註8〕，元代的國家教育機構首次出現三監並立的局面，即國子監與蒙古國子監、回回國子監各自爲政，分庭抗禮。蒙古、色目貴族與漢族士人集團政治勢力的此消彼長，儒家思想在國家意識形態中地位的升降沉浮，無疑會投射到孔廟、國子學的建築模式與基址規模上，影響到建築用地範圍、形制、布局與祭祀制度等。

元代廟學的研究，已經取得相當的成果。王建軍的《元代國子監研究》從政治角度分析元代多元文化因素背後的蒙古、色目與漢族官僚三大利益集團的爭奪與抗衡，並對國子監的職官作了深入的考察。胡務的《元代廟學——無法割捨的儒學教育鏈》，對元代廟學的地域分佈、學產、地位、作用及南北差異進行深入分析。臺灣黃進興的《優入聖域：權力、信仰與正當性》是近年孔廟研究的一部力作，給本文不少啓發。

本章在現有研究成果的基礎上，根據歷史文獻，對元大都孔廟、國子學建設過程進行梳理，對建築平面進行復原，確定建築用地範圍與基址規模，尋找孔廟、國子學設計規律與手法，揭示大都孔廟、國子學對明清的影響。

6.1　興建沿革

蒙元統治者入主中原後，開始意識到僅靠武力無法保證政權的穩定，於是轉變文化策略，借助儒家思想證明自己政權的合理性。儘管這一做法只是出於懷柔的目的，卻贏得企圖以儒制夷的漢族儒士集團的支持。太宗四年（1232）耶律楚材就爲蒙元人找到孔子五十一代孫元措，「襲封衍聖公，付以

1996 年 8 月。

〔註 8〕　蕭啓慶《近五年來海峽兩岸元史研究的回顧——1992～1996》，《元朝史新論》，412 頁，臺北，允晨文化實業股份有限公司，1999 年。

林廟地」，召一時名儒進講東宮，四年後（1236）置編修所與經籍所，「由是
文治興焉」。〔註 9〕忽必烈在藩時即「思大有爲於天下」〔註 10〕，在金蓮川幕
府中積聚大批漢族儒士，接受他們提出的「以馬上取天下，不可以馬上治」〔註
11〕、「北方之有中夏者，必行漢法乃可長久」〔註 12〕、「陛下帝中國，當行中
國事」〔註 13〕等建議。1248 年，張德輝在和林說服忽必烈修孔子之祭，並在
壬子年（1252）與元好問一同往觀忽必烈，請求他接受儒教大宗師的尊號，
忽必烈「悅而受之」〔註 14〕。這樣，蒙元統治者通過尊崇儒教，「把知識權力、
宗教權力和政治權力集於一身，確立了自己的合法性，同時也無異於承認了
漢族文明的合理性」〔註 15〕，漢族儒士集團也不再把蒙古人看作「非我族類」
的夷人，逐漸認同這個新的異族政權。

　　在漢人儒士王檝的爭取下，壬午年（1222）「行省許以樞密院舊基改建文
廟」〔註 16〕，「春秋率諸生行釋菜禮」〔註 17〕，這一舉動令燕京儒士大爲振奮，
諸儒奔走相賀，深感「吾道有光矣」〔註 18〕。太宗五年（1233），窩闊台汗按
廟學的傳統，將利用金樞密院舊基改建的文廟作爲大蒙古國國子學所在地，
選派蒙古貴族與漢族官員子弟共同參學。

　　忽必烈在潛邸時曾兩次下令增修文廟，〔註 19〕即位後在中統二年（1261）
六月，向全國頒佈詔令，要求不得破壞先聖廟與書院的秩序，並且「國家歲
時致祭，諸儒月朔釋奠，宜恒令灑掃修潔」〔註 20〕，正式把對先聖廟的祭祀
納入到國家祀典中。《元史》載世祖至元六年（1269）七月「立國子學」，〔註
21〕「至元七年，命侍臣子弟十有一人入學，以長者四人從許衡，童子七人從

〔註 9〕　《元史》，卷一四六，列傳第三十三，耶律楚材傳，3459 頁。
〔註 10〕　《元史》，卷四，本紀第四，世祖一，57 頁。
〔註 11〕　《元史》，卷一五七，列傳第四十四，劉秉忠傳，3688 頁。
〔註 12〕　《元史》，卷一五八，列傳第四十五，許衡傳，3718 頁。
〔註 13〕　《元史》，卷一六〇，列傳第四十七，徐世隆傳，3769 頁。
〔註 14〕　《元史》，卷一六三，列傳第五十，張德輝傳，3825 頁。
〔註 15〕　葛兆光《中國思想史》，第二卷，391 頁，復旦大學出版社，2000 年。
〔註 16〕　《析津志輯佚》，學校，199 頁，北京古籍出版社，2000 年。
〔註 17〕　《元史》，卷一五三，列傳第四十，王檝傳，3612 頁。
〔註 18〕　《湛然居士集》，卷三，507 頁，四庫全書本，1191 冊。
〔註 19〕　《析津志輯佚》：「（壬子）二次令阿魯瓦赤眾斷事官增修文廟」，199 頁。
〔註 20〕　《廟學典禮》，卷一，先聖廟歲時祭祀禁約騷擾安下，12 頁，浙江古籍出版社，
　　　　　1992 年。
〔註 21〕　《元史》，卷六，本紀第六，世祖三，122 頁。

王恂」，〔註22〕《國學事蹟》記許衡「（至元）八年授集賢大學士、國子祭酒。先生方居相府，丞相傳旨令教蒙古生四人，後又奉旨教七人，至是有旨令四方及部下願受業者俱得預其列，即令南城之舊樞密院設學」。〔註23〕從這些記錄可以看到，太宗五年（1233）創辦的燕京國子學此時業已荒廢，至元六年忽必烈詔立國子學，卻並未立即著手創辦，至元七年僅有四名蒙古生從許衡受業，直到至元八年（1271）才在金樞密院舊址正式創立元代國子學，它與大蒙古國時期的燕京國子學一脈相承，包括孔廟與學校兩部分。

　　忽必烈興辦國學並非由於眞心崇儒，他只是吸收儒學思想中有利於自己統治的成分，對待儒士、和尙、先生、也里可溫的態度並無遠近親疏之別，同時，注意保留蒙古民族原有的文化習俗，即位之初就明確表示「稽列聖之洪規，講前代之定制」，〔註24〕至元六年（1269）命國師八思巴創製蒙古新字，制詔頒行天下，令諸路皆設蒙古字學。〔註25〕至元八年（1271），忽必烈「下詔立京師蒙古國子學」，〔註26〕至元十三年（1276）又將至元八年創辦的國子學改爲大都路學，在其中設提舉學校所，〔註27〕隨即在至元十四年（1277）設蒙古國子監，作爲國家最高教育行政機構，專門管理蒙古國子學。這一舉動充分暴露了忽必烈的眞實意圖，即通過打壓崇尙儒學的國子學，提升蒙古國子學的地位，從而將蒙古國子學所代表的蒙古文化置於文化正統的地位。但這只是忽必烈的一廂情願，在擁有悠久歷史文化傳統的漢地推行蒙古文化明顯力不從心，很快遭到漢族儒士集團的強烈抵制，崇儒興學的呼聲再度高漲。至元二十年（1283）崔彧上疏言政，談及國學的重要性，「得如左丞許衡教國子學，則人材輩出矣」，〔註28〕至元二十三年（1286）程鉅夫建議：「京師首善之地，尤當興建國學，選一時名流爲國人矜式」，「庶四方觀感有所興起」。〔註29〕至元二十四年（1287）二月十五日，尙書左丞葉李向忽必烈奏說

〔註22〕《元史》，卷八十一，志第三十一，選舉一，2029頁。

〔註23〕《國學事蹟》，引自《元名臣事略》，卷八，611頁，四庫全書本，451冊。

〔註24〕《元史》，卷四，本紀第四，世祖一，65頁。

〔註25〕忽必烈命八思巴創製蒙古字的時間，說法不一，本文採用王建軍在《元代國子監研究》中提出的「至元六年」的說法。

〔註26〕《元史》，卷八一，志第三十一，選舉一，學校，2027頁。

〔註27〕《元史》：「至元十三年，授提舉學校官六品印，遂改爲大都路學，署曰提舉學校所」，卷八一，志第三十一，選舉一，學校，2032頁。

〔註28〕《元史》，卷一七三，列傳第六十，崔彧傳，4040頁。

〔註29〕《廟學典禮》，卷二，程學士奏重學校，27頁，浙江古籍出版社，1992年。

設立太學，「今日混一之後，豈可不以設立學校爲先？」〔註30〕忽必烈在儒士集團的壓力下不得不改變初衷，同意設立國子監、學，並在新建成的大都城中劃出國子學的用地。「二十四年，既遷都北城，立國子學於國城之東，乃以南城國子學爲大都路學」。〔註31〕五天後，集賢院擬定國子學職官設置、招生規模、生員飲膳等事宜，並對建築平面布局進行規劃：

> 學舍：比及標撥官地興蓋以來，擬撥官房一所安置，創建房舍
> 講堂五間，東西學官廳二座，各三間。齋房三十間，東西各十五間。
> 廚房六間，分左右。倉庫房五間，門樓一間。〔註32〕

同時議定按廟學之制創建文廟一所，「先立學校，後蓋文廟，大都撥地與國學一同興蓋。」〔註33〕

此時朝中桑哥主政，色目勢力增強，至元二十六年（1289）設置教授亦思替非文字的回回國子學。忽必烈晚年逐漸疏遠、猜忌甚至排斥漢族儒士集團，使得國子監的興建並不順利。吳澄在《賈侯修廟學頌》中提到孔廟建造「訖功於大德十年之秋。於時設官教國子已二十年矣。寄寓官舍，不正其名」，〔註34〕儘管政府在至元二十五年（1288）就已開始「修國子監以居胄子」，〔註35〕但從吳澄的記述中可以看出建設工程中途停頓，大德十年（1306）國子學仍寄寓在南城大都路學官舍當中，直到至大元年（1308）大都新城孔廟、國子監方全部建成。

6.2　基址規模與平面布局

6.2.1　相關文獻

關於大都孔廟、國子學建築平面布置的記錄，主要有吳澄《賈侯修廟學頌》與程鉅夫《國子學先聖廟碑》。吳澄（1249～1333）是元代著名理學家，

〔註30〕《廟學典禮》，卷二，左丞葉李奏立太學設提舉司及路教遷轉格例儒戶免差，29 頁。
〔註31〕《元史》，卷八一，志第三十一，選舉一，2032 頁。
〔註32〕《廟學典禮》，卷二，左丞葉李奏立太學設提舉司及路教遷轉格例儒戶免差，29～30 頁。
〔註33〕《廟學典禮》，卷二，左丞葉李奏立太學設提舉司及路教遷轉格例儒戶免差，30 頁。
〔註34〕《元文類》，卷十八，賈侯修廟學頌，217 頁，四庫全書本，1367 冊。
〔註35〕《元史》，卷十五，本紀第十五，世祖十二，316 頁。

「以紹朱子之統而自任」，〔註36〕至大元年（1308）被召爲國子監丞，四年（1311）升國子監司業，同年三月撰寫《賈侯修廟學頌》：

> 至元二十四年設國子監，命立孔子廟。暨順德忠獻王哈喇哈孫相成宗，始克繼先志成其事，而工部郎中賈侯董其役。廟在東北緯塗之南，北東經塗之東。殿四阿，崇十有七仞，南北五尋，東西十筵者三，左右翼之，廣亦如之，衡達於兩廡。兩廡自北而南七十步，中門崇九仞有四尺，修半之，廣十有一步。門東門南之廡各廣五十有二步。外門左右爲齋宿之室，以間計各十有五。神廚、神庫南直殿之左右翼，以間計各七。殿而廡，廡而門，外至於外門，內至於廚庫，凡四百七十有八楹。肇謀於大德三年之春，訖功於大德十年之秋。於是設官教國子已二十年矣，寄寓官舍，不正其名，丞相以爲未稱興崇文教之實也。乃營國學於廟之西，中之堂爲監，前以公聚，後以燕處，旁有東西夾，夾之東西各一堂，以居博士。東堂之東、西堂之西有室，東室之東、西室之西有庫，庫之前爲六館，東西向以居弟子員。一館七室，助教居中以莅之。館南而東而西爲兩塾，以屬於門屋，四周通百間，踰年而成。不獨聖師之宮巍然爲天下之極，而首善之學亦偉然聳天下之望。遠邇來觀，靡不驚駭歎羨其高壯宏敞。〔註37〕

程鉅夫（1249～1318）是元代文學家，崇尚程、朱之學，大德八年（1305）拜翰林學士，仁宗皇慶二年（1313）奉詔撰寫《大元國學先聖廟碑》，其中有對大都廟學建築的描述：

> 中統二年，以儒臣許衡爲國子祭酒，選朝臣子弟充弟子員。至元四年作都城，畫地宮城之東爲廟學基，廿四年備置監學官。元貞元年，詔立先聖廟，久未集。大德三年春，丞相臣哈喇哈遜達爾罕大懼，無以祗德意，乃身任之。飭五材，鳩眾工，責成工部郎中臣賈馴。馴心計指授，晨夕匪懈，工師用勸。十年秋廟成，謀樹國子學。御史臺臣復以爲請，制可。至大元年冬學成。廟度地頃之半，殿四阿，崇尺六十有五，廣倍之，深視崇之尺加十焉。配享有位，從祀有列。重門修廊，齋廬庖庫，爲楹四百七十有八。學在廟西，

〔註36〕《道園學古錄》，卷四四，故翰林學士資善大夫知制誥同修國史臨川先生吳公行狀，624頁，四庫全書本，1207冊。
〔註37〕《元文類》，卷十八，賈侯修廟學頌，217～218頁，四庫全書本，1367冊。

地遜於廟者十之二。中國子監，東西六館，自堂徂門，環列鱗比，通教養之區爲間百六十有七。制加孔子大成之號，祠以太牢，贊釋奠雅樂。江南復戶四十肆之。春秋二祀，先期必命大臣攝事，皇帝御極，升先儒周敦頤、程顥、程頤、司馬光、張載、邵雍、朱熹、張栻、呂祖謙、許衡從祀。廣弟子員爲三百，進庶民子弟之俊秀相觀而善業精行成者，歲舉從政。又詔天下三歲一大比，興賢能。於是崇宇峻陛，陳器服冕，聖師巍然如在其上。教有業，息有居，親師樂友，諸生各安其學，咸曰：大哉天子之仁至哉！〔註38〕

6.2.2　基址規模

廟學的用地，在忽必烈至元二十四年（1287）遷都新城時業已確定，廟學的建設卻直到至大元年冬（1308）才全部完成。《皇明太學志》載：「永樂二年，始以北平府學爲北京國子監，今太學是也。里曰崇教坊，在都城東北隅，即元國學遺址」，〔註39〕明代國子監在元國子學基址上改建，並爲清代沿用，可知元大都孔廟、國子學基址位於今安定門內國子監街路北，與明清孔廟、國子監用地範圍大致相同。元大都先聖廟「度地頃之半」，按一頃百畝計〔註40〕，先聖廟佔地爲 50 畝，國子學「地遜於廟者十之二」，爲 40 畝，孔廟、國子學基址規模共 90 畝。

從今日北京地圖上量得，國學胡同東端至首都圖書館西垣間的距離爲 227 米，按 1 元尺爲 0.315 米計算，合 720.63 元尺，約 144 步，國子監街至與國學胡同中段正交的叉路的距離爲 236 米，約合 150 步。這四條街巷圍合的地塊中並無東西貫通的胡同，其面積爲 144 步×150 步＝21600 平方步，合 90 畝，恰與從碑文中推得的基址規模 90 畝吻合，可以斷定這一地塊即元大都孔廟、國子學的用地範圍（圖 6.1）。

大都廟學沿襲「左廟右學」的規制，國子學南北方向長度與先聖廟相同，均爲 150 步，東西方向寬度比先聖廟短，以示尊崇。根據碑文中的面積記載，推知國子學基址東西方向長度爲 40×240 平方步／150 步＝64 步，先聖廟基

〔註38〕 《雪樓集》，卷六，大元國學先聖廟碑，64～65 頁，四庫全書本，1202 冊。
〔註39〕 （明）郭鎜《皇明太學志》，卷一，明刊本。
〔註40〕 張晏《漢書注》：「一頃百畝」，百畝爲頃，始於秦，下迄清末均以爲定制，參閱吳承洛《中國度量衡史》，94～99 頁，上海書店，1984 年。

址東西方向長度爲 50×240 平方步／150 步＝80 步。

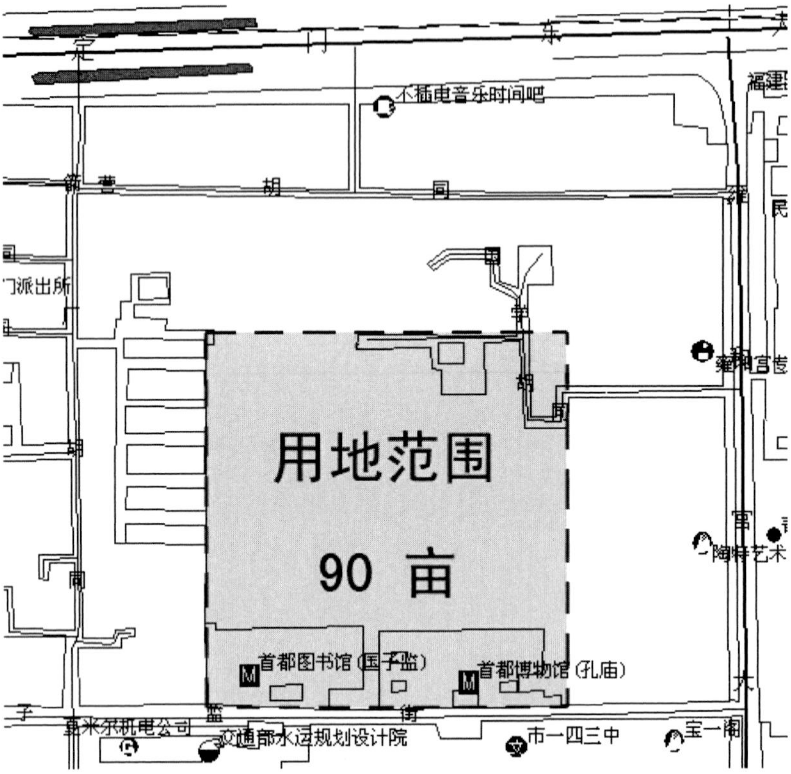

圖 6.1　元大都孔廟、國子學的用地範圍

6.2.3　孔廟平面

　　廟學以孔廟爲精神中樞，學校依附孔廟而設，孔廟的建設往往先於學校。元大都孔廟興建於大德三年春（1299），訖功於大德十年秋（1306）。從碑文中可以看出，建築布局以大成殿爲中心，前設重門，後爲神廚、神庫。大成殿與中門之間通過東西兩廡連接，廊廡內設從祀之位。外門左右分別是齋房、宿舍，各爲十五間。

　　大成殿供奉孔子塑像，是孔廟的主體建築。根據程鉅夫所撰碑文，大成殿高 65 尺，廣 130 尺，深 75 尺。吳澄《賈侯修廟學頌》記殿高 17 仞，南北 5 尋，東西 13 筵。史籍中「仞」的長度說法不一，依《小爾雅》「四尺曰仞」的說法，殿高 17 仞合 68 尺。《說文解字注》:「筵一丈」〔註41〕，殿廣 13 筵

〔註41〕許慎撰，段玉裁注《說文解字注》，五篇上，192 頁，上海古籍出版社，1988 年。

合 130 尺。殿深 5 尋，按一尋八尺計，合 40 尺。吳澄所記大成殿高、廣與程鉅夫碑文中的記錄基本符合，但南北方向尺寸出入很大，大成殿的進深需要通過計算確定。

北京孔廟先師門斗栱碩大稀疏，平面採用分心槽形式，可以判斷爲元代建築遺存。先師門斗栱五鋪作，等級應比大成殿低一等，設大成殿斗栱爲六鋪作。元代建築用材比宋代小，假定大成殿斗栱用五等材，則斗栱高爲 12 分（櫨斗的「敧」和「平」之高）＋4×21 分（三層出跳栱與外跳上的令栱之高）＋30 分（撩簷方高）＝126 分，合 0.044 尺／分×126 分＝5.544 尺，約 5.5 尺。斗栱出挑爲 36 分（第一跳華栱）＋30 分（第二跳華栱）＋26 分（第三跳華栱或昂）＝92 分，合 0.044 尺／分×92 分＝4.048 尺，約 4 尺。

大成殿面闊 130 尺，設爲七開間，按元代斗栱排布規律，盡間用一朵補間鋪作，餘間二朵，面闊方向共用 20 朵斗栱，19 個攢擋，每一攢擋平均爲 130 尺／19＝6.84。大成殿標準面闊爲 6.84 尺×3＝20.52 尺，明間面闊應大於標準間面闊，取以 5 寸爲單位的數字，設爲 22 尺。假定簷柱高度略大於明間面闊，爲 22.5 尺。如大成殿爲單簷廡殿，則大成殿屋頂舉高爲 65 尺（總高）－22.5 尺（簷柱高）－5.5 尺（斗栱高）＝37 尺。元代殿堂屋頂舉高最大爲前後撩簷方間距的 1／3，以其最大值計算，大成殿進深爲 37 尺（舉高）×3－4 尺（斗栱出挑寬度）×2＝103 尺，遠大於吳澄、程鉅夫碑文中所記殿深。由此可見，大成殿應爲重簷建築。

傅熹年在《中國古代城市規劃、建築群布局及建築設計方法研究》中通過對大量建築實例進行分析發現，宋遼以來重簷建築上簷柱高通常爲下簷柱高的二倍 [註42]，據此可以求出大成殿上簷柱高 22.5 尺×2＝45 尺。設上簷斗栱較下簷減一跳，則上簷斗栱高 105 分，合 4.6 尺，斗栱出挑 62 分，約合 2.7 尺。這樣，大成殿屋頂舉高爲 65 尺（總高）－45 尺（上簷柱高）－4.6 尺（斗栱高）＝15.4 尺，上簷前後簷柱間距爲 15.4 尺（舉高）×3－2.7 尺（斗栱出挑寬度）×2＝40.8 尺。

前文已述大成殿面闊方向攢擋的平均值爲 6.84 尺，兩盡間各用一朵補間鋪作，盡間面闊約爲 6.84 尺×2＝13.68 尺。由於面闊與進深方向上盡間的長度相等，則下簷進深亦爲 13.68 尺，大成殿進深爲 40.8 尺（上簷前後簷柱間

〔註42〕參見傅熹年《中國古代城市規劃、建築群布局及建築設計方法研究》，85～152 頁，中國建築工業出版社，2001 年。

距）＋13.68 尺（下簷進深）×2＝68.16 尺，與程鉅夫所記進深 75 尺接近，其中的差值是由於屋頂實際舉高略小於上簷前後撩簷方間距的 1／3，因而上述計算求得的大成殿進深略小於實際數值。由此可知程鉅夫碑文所記大成殿進深 75 尺是準確的，而吳澄碑文言殿南北「五尋」應爲「九尋」之誤。大成殿的廣、深、高皆已確定，大成殿是一座高壯宏敞、「巍然爲天下之極」的重簷廡殿，屬最高等級的建築形式，足見對儒學的尊崇。

孔廟中門又稱儀門、戟門，吳澄碑文中言中門「門東門南之廡各廣五十有二步」。歷代孔廟均無中門以南修建廊廡的做法，對照《欽定續文獻通考》與《欽定國子監志》知爲「門東門西」之誤。〔註43〕孔廟東西垣間距爲 80 步，如中門兩側廊廡各 52 步則容納不下，通過作圖反覆推敲，門東門西之廡可能各 32 步，吳文中「五」當爲「三」之寫誤，中門面闊爲 80 步－32 步－32 步＝16 步。

大成殿與中門之間通過東西兩廡連接。大成殿東西兩側各建耳房，「左右翼之」，面闊同爲 130 尺，合 26 步。大成殿與東西耳房通面闊 78 步，接近孔廟東西垣間距 80 步，與東西兩廡貫通，正如吳澄所言「衡達於兩廡」。東西兩廡是從祀先賢先儒的場所，南北 70 步，按每間 1.75 步計（2.76 米），東西廊廡各 40 間，共 80 間，如每間供奉一位先儒，兩廡恰可容納孔門七十二子從祀神主。大成殿後神廚、神庫「南直殿之左右翼，以間計各七」，應是正房三間、兩廂各兩間的獨立院落。

6.2.4　國子學平面

大德十年（1306）孔廟落成後，便有朝臣建議於孔廟西側興建國子學，〔註44〕成宗接受這一建議，但工程進展較爲緩慢。《元史》載：「成宗朝建國子監學，迄今未成，皇太子請畢其功」，〔註45〕直至武宗至大元年五月（1308）國子監、學的建設仍未竣工，當時作爲皇太子的仁宗親自過問此事，校舍終於在當年冬建成。

〔註43〕《欽定續文獻通考》：「門東門西之廡各廣五十有二步」，卷四十七，324 頁，四庫全書本，627 冊。《欽定國子監志》亦云「門東門西之廡各廣五十有二步」，卷五十九，貫侯修廟學序。

〔註44〕《元史》：「京師孔子廟成，瑋言：『唐、虞、三代，國都、閭巷莫不有學，今孔廟既成，宜建國學於其側。』從之。」，卷一五〇，列傳第三十七，何伯祥傳，3545 頁。

〔註45〕《元史》，卷二十二，本紀第二十二，武宗一，498 頁。

從程鉅夫與吳澄的記錄來看，國子學佔地 40 畝，分前後兩進院落，前為教學區，後為生活區。國子監位於建築組群的中央，東西兩側各有夾室、博士堂、室、庫，東西兩庫之前為教學、習業用的東西相對的六館，六館以南有與入口結合而建的門塾。國子監後生活區的平面格局史籍無載，推測應有供師生休息、就餐、洗浴用的舍、庖、湢、溷、庫等建築。國子學內樹種多樣，綠化層次豐富，環境幽雅安靜，宋褧曾作詩描寫博士東廳：「北窗桂影對晴空，簾幌虛明爽氣通，綠樹正宜留永日，黃埃莫遣漲飄風。」〔註46〕

仁宗時期，文治日隆，孔廟、國子學獲得良好的發展機遇。延祐四年（1317）夏開始在國子監北建崇文閣庋藏監學經書，延祐六年（1319）冬建成，吳澄在《崇文閣碑》中寫道：

> 於監學之北構架書閣。閣四阿，簷三重，度以工師之引，其崇四常有一尺，南北之深六尋有奇，東西之廣倍差其深。……雄偉壯麗燁然增監學之輝，名其閣曰崇文。〔註47〕

崇文閣是一座重簷三滴水廡殿頂建築，進深約 50 尺，面闊 100 尺，高 65 尺。大都國子學其餘建築的面闊、進深、高度及相對距離史籍均無記載，唯有《春明夢餘錄》中一段文字可以確定崇文閣的位置：

> （國子學）正堂七間，曰彝倫堂，元之崇文閣也。……堂前為露臺，臺南中為甬路，前至太學門長四十三丈，聖駕臨幸由之。〔註48〕

《春明夢餘錄》作於明末清初，對明代北京文物古蹟記載頗詳。根據此條記錄可知明代國子監彝倫堂的位置即元代國子學崇文閣舊址，而元代崇文閣前的國子監屋舍明時已拆除。彝倫堂前甬路至太學門長 43 丈，按明營造尺每尺 0.32 米計，甬路長 137.6 米，與今日北京國子監太學門至彝倫堂的距離相等，從而證明保存至今的清代國子監太學門與彝倫堂的位置一仍明舊，今日彝倫堂的位置即元代崇文閣故基。元代國子學太學門與廟學用地範圍南界之間的距離為 150 尺，說明主院之前有一扁長的前院，作為進入莊嚴肅穆的核心空間之前的過渡與緩衝。

國子監前的東西兩側是諸生肄業的六館，每館分為七室，居中一間為博士、助教辦公用房，兩旁六間為生員齋室，東西六館共 36 間齋室。國子學校

〔註46〕《燕石集》，卷九，冑監東廳口號，457 頁，四庫全書本，1212 冊。
〔註47〕《吳文正集》，卷五十，崇文閣碑，510～511 頁，四庫全書本，1197 冊。
〔註48〕《春明夢餘錄》，轉引自《日下舊聞考》，卷六十六，官署，1089 頁。

舍「偉然聳天下之望」，可容納學生 440 人〔註49〕。按每間齋室面闊 17.5 尺（3.5
步）、進深 27.5 尺（5.5 步）繪出東西六館平面〔註50〕。

國子監東西兩側有夾室、博士堂、室、庫等建築，此外應設由教學區通
往生活區的過道，設國子監五間，博士堂二間，夾室、室、過道各一間，作
圖比較可以發現，這排建築通面闊定爲 64 步較爲合理，即東西方向抵國子學
東西垣。通過作圖反覆推敲確定國子學各建築的開間、進深、間數，推測生
活區的建築布局，繪出元大都孔廟、國子學總平面復原圖（圖 6.2）。

1. 先師門
2. 大成門
3. 大成殿
4. 东庑
5. 西庑
6. 斋庐
7. 神厨
8. 神库
9. 国子学入口
10. 太学门
11. 国子监
12. 夾室
13. 博士堂
14. 室
15. 库
16. 六馆
17. 塾
18. 崇文阁
19. 生活区

圖 6.2　元大都孔廟、國子學平面復原圖

〔註49〕元代國子監的學生分爲國子生、陪堂生與伴讀生三類，國子生是國子學的正
　　　　式學員，陪堂生是經三品以上官員舉薦在國子學旁聽的學生，通過考試後可
　　　　獲得伴讀資格。國子學最初招生數量較少，世祖至元二十四年（1287）創立
　　　　國子學時，「其員生之數，定二百人，先令一百人及伴讀二十人入學」（《元史‧
　　　　選舉一》），成宗大德十年（1306）定國子學「生員二百人」。武宗至大四年（1311）
　　　　「定生員額三百人」，仁宗延祐二年（1315）「增置生員百人，陪堂生二十人」，
　　　　可知這裡的生員名額是指取得正式資格的國子生人數，並未包括陪堂生、伴
　　　　讀生在內。國子學初創時伴讀生 20 人，延祐二年增置生員後國子生應爲 400
　　　　人，陪堂生、伴讀生共 40 人，國子學東西六館共容納學生 440 人，並成爲終
　　　　元一代的定制。
〔註50〕按每間齋室面闊 3.5 步、進深 5.5 步計算，東西六館通面闊爲 73.5 步，小於太
　　　　學門至崇文閣的距離。齋室總面積爲 3.5 步×5.5 步×36＝693 平方步，按 1
　　　　步 1.575 米計，約合 1720 平方米，足可容納國子學生員。

6.2.5　元朝中後期的孔廟、國子學

元中後期孔廟、國子學的發展與元帝尊崇儒學直接相關。仁宗是元代諸帝中崇儒意識較為強烈的一位，他自幼生活在漢地，深受儒家思想的薰陶，即位之初便明確表示「朕所願者，安百姓以圖至治，然匪用儒士，何以至此」〔註51〕，登基後高度重視儒學發展。仁宗皇慶二年（1313）初定科舉程式，開科取士以朱熹的《四書集注》為基礎文本。理學思想與政治權力結合，成為意識形態與普遍的知識，充分宰制有元一代的學術支配權，影響到元朝中後期孔廟祭祀制度的變易。

元初孔廟祭祀南北異制，北方主要採用北宋之制，孔廟以顏孟配享，南方則承襲南宋的配享與從祀制度。皇慶二年（1313）詔周敦頤、程顥、程頤、張載、邵雍、司馬光、朱熹、張栻、呂祖謙及本朝許衡從祀孔子廟廷，延祐三年（1316）詔以顏曾孟思配享。除許衡外，其餘幾位南宋時就已列入祀典，這一詔令意在求得南北祭祀制度統一，〔註52〕新增許衡從祀顯然與他大力推廣程朱理學有關。程朱理學在仁宗朝升為官方意識形態，朱子推崇的先儒先賢甚至程朱弟子的地位亦隨之提升，這一影響終元之世未有改變。文宗至順元年（1330）詔以董仲舒從祀，因朱熹對董氏評價甚高，謂其本領純正，是所謂「純儒」，董氏從祀當得朱子餘蔭。順帝至正二十二年（1362）所從祀的五賢〔註53〕，則全係伊洛後勁，足見從祀制度與官學的密切關係。〔註54〕

仁宗延祐二年（1315），採納集賢學士趙孟頫等所議國子學貢試之法，完善了升齋等第制：

> 六齋東西相向，下兩齋左曰遊藝，右曰依仁，凡誦書講說、小學屬對者隸焉。中兩齋左曰據德，右曰志道，講說《四書》、課肄詩律者隸焉。上兩齋左曰時習，右曰日新，講說《易》、《書》、《詩》、《春秋》科，習明經義等程文者隸焉。每齋員數不等，每季考其所

〔註51〕《元史》，卷二十四，本紀第二十四，仁宗一，558頁。

〔註52〕參見胡務《元代廟學——無法割捨的儒學教育鏈》，3～11頁，巴蜀書社，2005年。

〔註53〕五賢為楊時、李侗、胡安國、蔡沈、真德秀，參見《元史》卷七十七，志第二十七下，「宋五賢從祀」條，1921～1922頁。

〔註54〕黃進興《學術與信仰：論孔廟從祀制與儒家道統意識》一文探討儒學主流思想如何透過道統意識左右孔廟從祀制，參見同氏所著《優入聖域：權力、信仰與正當性》，273～301頁。

習經書課業，及不違規矩者，以次遞陞。〔註55〕

六齋分爲三個等級，利於調動生員學習積極性，教學管理能力大大加強。延祐六年（1319）崇文閣建成，國子學建築組群進一步完善，教學管理步入正規化與制度化。

6.3 設計規律與手法

孔廟、國子學用地範圍東西方向長度爲 144 步，其中孔廟占 80 步，其比例關係爲 9：5，孔廟南北方向長度 150 步，與東西長度的比例同樣近似 9：5。可見孔廟設計中使用九五之數並非巧合，而是藉以象徵至尊地位，具有與皇家同樣的權威。

將細化的元大都城市平格網落在孔廟國子學的基址範圍上，可以看到，元大都孔廟、國子學的基址邊界均與細化的城市平格網網格線重合。今日的國子監街北緣與安定門東大街南緣的間距爲 386 米，相當於 245 步，與圖四中按大都城市平格網得出的間距 244 步基本相等，今日大格巷、永康胡同、前肖家胡同、五道營胡同與圖四中繪出的元代胡同有明顯的對應關係，可以確定這幾條胡同均爲元大都胡同的遺存。

平格網法也是中國古代建築群內部規劃設計的通用手法〔註 56〕，即以某一尺寸爲模數，建築群總體布局與單體設計都要受這一模數網格控制，這樣，儘管建築形式、尺度富於變化，院落空間抑揚開闔，但建築群整體呈現出鮮明的規律性，具有明顯的節奏與韻律。

孔廟東西方向長度爲 80 步，國子學東西方向長度 64 步，皆爲 8 步（4 丈）的倍數，孔廟與國子學南北方向長度同爲 150 步，爲 10 步（5 丈）的倍數。以東西 8 步、南北 10 步作爲模數，在孔廟國子學平面復原圖上繪出 8 步×10 步的平格網，可以看到院落空間、建築尺度與網格線的對應關係（圖 6.3）。

從圖 6.3 可以看到，孔廟國子學用地範圍東西方向 18 格，南北方向 15 格。孔廟與國子學前庭北緣、孔廟大成殿前月臺南緣、大成殿兩翼前臺基南緣、國子學生活區南牆都在東西向網格線上。國子學東西六館臺基外緣、太學門

〔註55〕《元史》，卷八一，志第三十一，選舉一，2030 頁。

〔註56〕參見王其亨樣式雷研究成果；傅熹年《明代宮殿壇廟等大建築群總體規劃手法的特點》，《中國古代建築十論》，320～355 頁，復旦大學出版社，2004 年。

東西外牆、生活區東西圍牆、孔廟齋廬與東西廡臺基外緣、大成門東西外牆、
大成殿前臺基月臺東西緣、神庫東垣、神廚西垣以及孔廟國子學間隔牆都在
南北向網格線上。

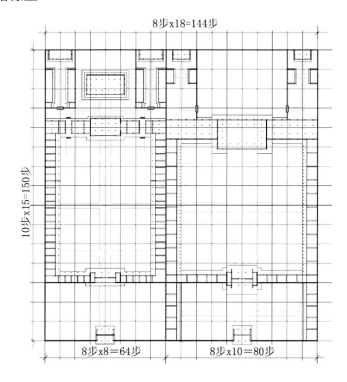

圖 6.3　元大都孔廟、國子學平面與 8×10 步平格網的關係

　　如以臺基邊緣作爲院落邊界，可以看到，孔廟、國子學前庭均占 24 個平
格，面積皆爲 8 畝。國子監前的院落南北 7 格，東西 6 格，面積爲 42 個平格。
孔廟大成殿前廣場南北 6.5 格，東西 8 格，面積爲 52 個平格。院落面積均爲
單個平格面積的整數倍，說明設計中以單個平格的面積作爲模數，院落空間
的尺度受其控制。

　　再如，有明確尺寸記錄的建築單體的面闊、進深與平格的長度存在著倍
數關係。平格南北方向的長度爲 10 步（50 尺），東西方向爲 8 步（40 尺），
國子學崇文閣進深 50 尺，恰與平格南北方向長度相同，面闊 100 尺，是平格
東西方向長度的 2.5 倍。而孔廟大成殿進深 75 尺，是平格南北方向長度的 1.5
倍，面闊 130 尺，是平格東西方向長度的 3.25 倍。如以平格尺寸的 1／4（2.5
步×2 步）作爲新的模數，則建築單體的面闊、進深尺寸都是新模數的整數倍。

　　孔廟國子學的平面布置、院落空間、建築單體尺度與我們設定的平格網有著明確的對應關係，可知設計中確用 8 步×10 步的平格網。這一平格網是否爲元大都建築群規劃設計所通用，尚待進一步作深入研究。

　　將大都城市平格網落在元大都孔廟、國子學的用地範圍上，並按小街 12 步、胡同 6 步的規制繪出街道胡同（圖 6.4）。從地圖上量得，今日的國子監街北緣與安定門東大街南緣的間距爲 386 米，相當於 245 步，與圖 6.4 中按大都城市平格網得出的間距 244 步基本相等，今日大格巷、永康胡同、前肖家胡同、五道營胡同與圖四中繪出的元代胡同有明顯的對應關係，可以確定這幾條胡同均爲元大都胡同的遺存。

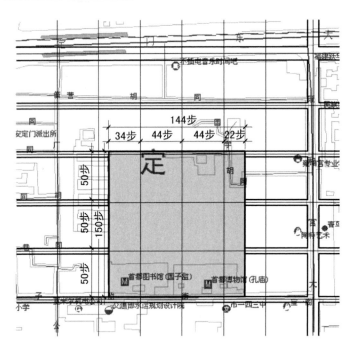

圖 6.4　元大都孔廟、國子學用地範圍與大都城市平格網的關係

　　孔廟國子學南北 150 步，是城市平格網南北方向基準長度 50 步的 3 倍。東西 144 步，約爲東西方向基準長度 44 步的 3.25 倍，從圖 6.4 中可以看到，它可由 34 步、44 步、44 步、22 步四段相加得到。22 步爲 44 步的 1／2，34 步約爲 44 步的 3／4。將大都城市平格網細化，以單個平格的 1／4（11 步×12.5 步）作爲模數繪出細化的平格網，則孔廟、國子學的用地邊界都落在平格網線上（圖 6.5）。

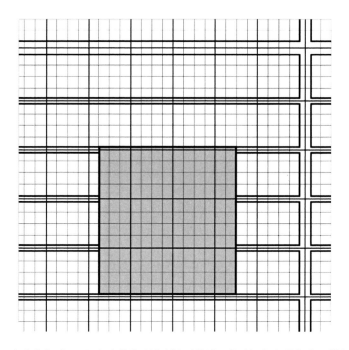

圖 6.5　元大都孔廟、國子學用地範圍與細化的大都城市平格網的關係

　　通過上面對孔廟國子學設計規律與手法的分析可以看到，元大都孔廟、國子學的基址規模與平面布置、建築單體的尺度受到兩套平格網的控制：孔廟國子學的基址規模受 11 步×12.5 步的細化的城市平格網控制，而建築群內部的平面布置則受 8 步×10 步的平格網控制，總平面中重要控制線大多落在網格線上。同時，8 步×10 步的平格也作為面積模數，建築群內院落空間的面積通常是單個平格面積的整數倍。建築單體的位置雖然並非全部與網格線重合，但其尺寸仍受平格網的控制，即以建築群平面布置所用平格網中單個平格的 1／4（2 步×2.5 步）作為模數，建築單體的面闊、進深尺寸基本都是這一模數的整數倍。

　　由此，可以大致暸解元大都建築群規劃設計的一般方法。首先根據建築群的等級確定其用地面積，在大都城市平格網或細化得到的 11 步×12.5 步的平格網中劃定用地範圍，然後確定建築群平面布置使用的平格網，按功能分區的原則劃分用地，並使總平面中的重要控制線與網格線對應。接著將平面布置所用的平格網細化，根據功能需要與禮制要求在細化得到的平格網中確定每一建築單體的尺度。最後按元代單體建築設計規律，分別確定建築材等、開間進深數、每一開間進深的尺寸、屋頂形式等。通過這種方法，使城市、

建築群基址規模、平面布局、院落空間以及單體建築之間存在尺度上的關聯，達到既豐富多變、又和諧統一的整體效果。

6.4　對明清孔廟、國子監的影響

　　明初以金陵爲國都，將元代集慶路儒學作爲國子學，改大都國子學爲北平府學。永樂二年（1404）將北平府學改作北京國子監，洪熙元年（1425）改稱行在國子監，正統六年（1441）更名爲國子監〔註57〕。其後國子監經多次修繕改造，保留至今。

　　《乾隆京城全圖》對清乾隆時期北京城的城池、街巷、建築、橋樑、河流作了詳細描繪，具有極高的史料價值，可以據此推斷明代孔廟、國子監的建築模式。從《乾隆京城全圖》中可以看到，乾隆朝時孔廟大成殿沿用元代舊基，但東西廊廡較元代向內收進，大成殿後增設啓聖祠，國子監前院空間擴大，元代國子學中央一排教育管理用房在乾隆圖中已不存，崇文閣的位置改作彝倫堂，並在其後增建敬一亭。此外，孔廟、國子監西側闢有空地，用作考核生員習射水平的射圃（圖6.6）。

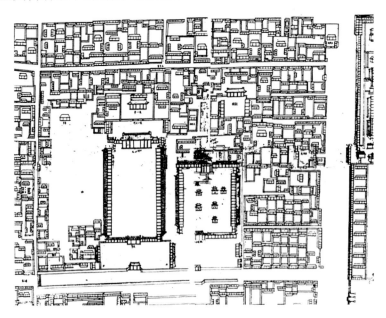

圖6.6　《乾隆京城全圖》中的孔廟、國子監

〔註57〕《明太學志》，卷一，典制上。

在儒家看來，射是六禮之一，弓箭可以作爲禮樂教化的工具。北宋神宗熙寧年間始在廟學旁建射圃，「諸生暇日相與揖遜，習威儀而觀德行」〔註58〕。元代對漢人關防甚嚴，對習射之事諱莫如深，大都孔廟、國子學90畝的用地範圍並不設置射圃，終元一代射禮完全廢弛。明初統治者著意恢復古禮，頒詔規定全國學校均仿傚北宋規制「設空閑地一所以爲射圃」〔註59〕，「詔國子生及郡縣學生皆習射」，並在射圃中建觀德亭（或稱觀德堂、射亭、觀射亭），洪武二十五年（1392）又命「國子監闢射圃，賜諸生弓矢」。北京國子監西側射圃創建的確切時間，史籍無載，推測應在明太祖洪武年間。

前面已經說明，今日國子監西側的大格巷、永康胡同、前肖家胡同與五道營胡同間的距離大致均爲50步，仍保持著元大都的城市肌理。這幾條胡同排列規則，中間並無斷裂的痕跡，箭廠胡同應因明初設立射圃而得名，元時未有，可以推知元代國子學西側至安貞門內南北大街之間均爲住宅區。在今日北京地圖上量得，箭廠胡同道路中線距國子監西牆間的距離爲85米，大約相當於元代54步，從圖6.4中可以看到，箭廠胡同恰位於大都城市平格網的南北網格線上，說明元大都城市平格網對明初建築群基址規模仍起到控制作用。

明初國子學因元之舊，永樂間將元代崇文閣改作面闊七間的彝倫堂，作爲監內藏書之所。正統元年（1436）英宗批准修建太學，正統九年（1444）「新建太學成」〔註60〕，奠定了明清國子監的基本建築格局。明代太學拆除元代國子學中央一排教育管理用房，彝倫堂成爲太學正堂，皇帝幸學在此設座，此外設「後堂三間，東講堂三間，西講堂三間，藥房三間」〔註61〕。彝倫堂前東西兩側爲監生肄業的率性、誠心、崇志、修道、正義、廣業六堂以及繩愆廳、博士廳、鐘房、鼓房，六堂南面太學門東西兩側各有廊房九間。彝倫堂後爲「齋明所九間，格、致、誠、正號，每號房計三十七間」〔註62〕。嘉靖七年（1528）撤齋明所等建築，在彝倫堂後齋明所舊址建敬一亭與東西廂房，形成一正二廂的獨立院落，作爲國子祭酒與司業辦公之所。院門題名「敬

〔註58〕　《越中金石記》，卷四，紹興府上虞縣重修學記，《石刻史料新編》，第二輯，第10冊，7202頁。

〔註59〕　《平山縣志料集》，《石刻史料新編》，第三輯，第24冊，142頁。

〔註60〕　《明史》，卷十，本紀第十，英宗前紀，134頁。

〔註61〕　《春明夢餘錄》，引自《欽定國子監志》，卷九，156頁。

〔註62〕　《春明夢餘錄》，引自《欽定國子監志》，卷九，157頁。

一之門」，院內立碑摹刻世宗所作《敬一箴》與《五箴注》。

　　將《乾隆京城全圖》中孔廟國子監平面與前面繪製的元大都孔廟、國子學平面復原圖對照發現，敬一亭的位置在元大都國子學用地範圍以外，可知明英宗朝新建太學時已將元代國子學北垣向外拓展。敬一門位於元國子學北垣一線上，從《乾隆京城全圖》中量得敬一亭院落北垣與敬一門間距離為 39.4 米，相當於元代 25 步，恰為元大都城市平格網南北方向基準長度 50 步的一半，由此可見，明英宗朝展拓國子監時基址規模亦受元大都城市平格網的控制。（圖 6.7）

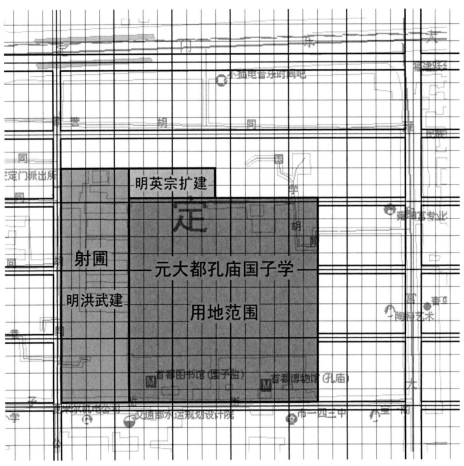

圖 6.7　明代孔廟、國子監用地範圍與元大都城市平格網的關係

　　元末孔廟曾一度荒廢，《明史》記錄「永樂初，建廟於太學之東」〔註63〕，《欽定國子監志》：「永樂九年，廟成」〔註64〕，北京孔廟建成於永樂九年（1411），此後明宣德、嘉靖、萬曆朝都曾對孔廟進行過修繕，如「宣德四年，修北京國子監大成殿前兩廡」〔註65〕，「正統八年，修國子監先師廟」〔註66〕，「萬曆二十八年，文廟易以琉璃瓦」〔註67〕等。嘉靖九年（1530），世宗採納議禮新貴張璁的建言，在孔廟大成殿後增建啓聖祠組群，並定爲全國通制，主殿祭祀孔子之父啓聖王叔梁紇，以顏子、曾子、子思的父親顏路、曾晳、孔鯉配享。〔註68〕清代順治、雍正、乾隆三朝也曾重修孔廟，如乾隆二年（1737）皇帝親諭殿頂使用黃琉璃瓦，建築布局則一直沿用明代。

　　《乾隆京城全圖》中所示孔廟大成殿前廣場與國子學中心院落東西方向的距離之比爲 1.04：1，近似相等，而在元大都孔廟國子學中這一比例約爲1.33：1，可見乾隆時期孔廟東西方向長度、大成殿前廣場面積均較元代減少。史料中並無永樂朝後重建東西廊廡的記錄，可以確定永樂初重建孔廟時已將東西廊廡向內收進，而《乾隆京城全圖》中所示孔廟東西垣的位置與永樂朝一致。孔廟國子監保存至今，今日北京孔廟東西垣間距亦與明永樂時相等。

　　按《乾隆京城全圖》的比例，孔廟東西垣間距爲 100.5 米，與筆者通過實測量得的今日北京孔廟東西垣間距 101 米接近，考慮到乾隆圖繪製時的誤差，本文將明初重建孔廟時東西垣間的距離定爲 101 米。元大都孔廟東西垣間距80 步，合 126 米，則明清北京孔廟東西垣間距較元代減少 25 米。

　　前文已經證明元大都孔廟、國子學平面布置採用 8 步×10 步的平格網，每一平格東西 8 步，合 12.6 米。25 米與單個平格東西方向長度的兩倍基本相等，可以確定明永樂重修孔廟時仍採用元代的平格網，而將元代孔廟東西廊廡分別向內收進一格。相應的，國子監前院面積擴大，參照《乾隆京城全圖》中的比例，可知國子監前院東西圍牆各向外移出一格。根據以上的分析，繪出明嘉靖九年（1530）孔廟、國子監總平面圖。（圖6.8）

〔註63〕　《明史》，卷五十，志第二十六，禮四，1297 頁。
〔註64〕　《欽定國子監志》，卷二，55 頁，北京古籍出版社，1998 年。
〔註65〕　《明宣宗實錄》，引自《欽定國子監志》，卷二，55 頁。
〔註66〕　《明太學志》，引自《欽定國子監志》，卷二，55 頁。
〔註67〕　《春明夢餘錄》，引自《欽定國子監志》，卷二，55 頁。
〔註68〕　《明史》，卷五十，志第二十六，禮四，1298 頁。

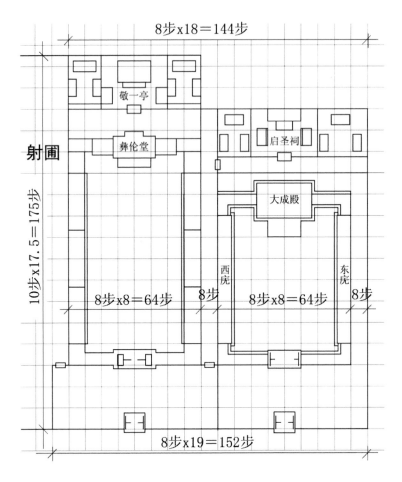

圖 6.8　明嘉靖九年（1530）北京孔廟、國子監平面與 8×10 步平格網的關係

6.5　小結

　　通過以上分析可知，元大都孔廟、國子學設計中採用兩套平格網：孔廟、國子學的基址規模受細化的大都城市平格網控制，基址邊界均在 11 步×12.5 步的平格網線上；建築群內部的平面布置受 8 步×10 步的平格控制，總平面中重要控制線大多與網格線對應。明太祖、英宗兩朝對元代孔廟、國子學展拓時，基址規模仍受元大都城市平格網控制，而永樂朝重建孔廟時沿用元代 8 步×10 步的平格網，將東西廊廡分別向內收進一格。由此可見，元、明兩朝孔廟、國子學的建築模式與基址規模存在著內在一致性。

孔廟是道統的象徵，是文化力量與政治力量匯聚之處〔註 69〕。元代統治者大多深諳孔子之道與治權的關係，對儒學禮敬有加。元大都孔廟、國子學在成宗、武宗朝始建，經仁宗朝發展完善，元末孔廟祭祀所用樂舞、祭物悉如天子之制。孔廟、國子學的布局按「左廟右學」的規制，孔廟面積超過國子學，以示尊崇。設計中有意採用九五之數，寓意孔廟具有與皇權同樣的至高無上的權威。

明代專治政治強化，皇權之高漲達到前所未有的高度，不容另存足與治權抗衡的道統象徵，孔廟自然首當其衝。洪武二年（1369）詔停孔廟通祀，引起儒臣極力反對，太祖不得不有所顧慮，洪武三年（1370）詔定並去嶽、鎮、海、瀆前代所封名號時，仍令孔子「所有封爵，宜仍其舊」〔註 70〕。永樂朝新建孔廟時，將東西廊廡向內收進，縮減大成殿前廣場的面積，實際上以此降殺作爲道統象徵的孔廟地位。嘉靖朝孔廟改制，去孔子王號，大成殿改稱孔子廟，毀塑像，減祀儀。在孔廟建築群中軸線末端新建啓聖祠祭祀孔子之父，突顯孔子爲人子、人臣的角色，從而弱化孔子萬世之師的地位。同時在彜倫堂北新建敬一亭組群，並定爲天下學校定制，收藏世宗所著《敬一箴》與《五箴注》。這兩篇箴注本爲世宗讀書心得，經議禮新貴張璁的解釋，卻成爲道統的象徵，寓意世宗得堯舜心法之秘，君亦可兼師，而師不可僭君。新建敬一亭組群與孔廟對峙，意在重建道統象徵，從而否定儒士構建的道統。

世宗對國子監與孔廟的尊貶不同，對孔廟祀典的降殺正是爲突出敬一亭的道統象徵地位。〔註 71〕權力凌駕道統之上，對道統的操縱十分明顯，這與元代諸帝對孔子之道尊崇備至形成強烈對比。

儒學的普及是統治者與士人集團互動的結果。元代孔廟國子學的創立發展是漢族士人積極爭取的結果，是中原文化與蒙古、色目文化碰撞迸出的電火石光，統治者對孔子之道的尊崇達到空前的高度。明代嘉靖朝後孔廟道統地位大爲降殺，皇權侵凌道統之上，孔廟恢復往昔榮耀則在明清易代之後。

〔註 69〕 王夫之謂「天下所極重而不可竊者二：天子之位也，是謂治統；聖人之教也，是謂道統」，道統與治統的關係參見黃進興《優入聖域：權力、信仰與正當性》，陝西師範大學出版社，1998 年。

〔註 70〕 《七修類稿》，卷一一，國事類，本朝嶽鎮海瀆碑，167 頁，中華書局，1960 年。

〔註 71〕 參閱趙克生《試論明代孔廟祀典的升降》，《江西社會科學》，2004 年第 6 期。